3訂

図書館と情報技術

検索技術者検定3級 対応

田窪 直規
編集

岡　　紀子
田中 邦英
田村 俊明
德田 恵里
著

樹村房

序　文

　本書は司書課程の必修科目「図書館情報技術論」（２単位）のテキストあるいは参考書として作成された『図書館と情報技術』の３訂版です。初版も改訂版も平易な解説を旨としておりましたが，３訂版もこの方針を引き継いでいます。そのため，初学者にもわかりやすい内容になっております。

　執筆陣と編者で初版の内容を検討しているとき，「図書館情報技術論」で教授すべき内容が，情報科学技術協会の情報検索基礎能力試験の出題範囲とかなり重複していることに気づきました。そこで，初版は，この資格試験の受験対策にも役立つよう，この科目で教授すべき内容のほか，この試験の出題範囲をもカバーするというコンセプトで出版されました。2014年度より，情報検索基礎能力試験は検索技術者検定３級に変更されましたので，改訂版では，これに対応するよう内容を書き改めました。３訂版も，これに対応する内容となっております。

　改訂版からの変更点で目玉となるのは，新たに「図書館システムの導入と運用について」という節を加えたことです。これによって，どのようにして図書館システムを図書館に導入し，これの運用体制を築くのかが，具体的にわかるようになっております。その他の変更点は，以下のとおりです。

- この"ご時世"DXに触れないわけにはいかないので，これに触れるようにした。
- 現時点で最新の著作権法に対応した。
- 「日本工業規格」が「日本産業規格」となったことなど，用語の変化に対応した。
- 技術的変化に対応するよう内容を修正した。
- データベースや検索システムの紹介箇所に最新の状況を反映させた。
- 上記の他，細かい点にも目配りし，修正を施した。

　初版は２単位15週の授業で使用するには少し大部だったのですが，改訂版は"ぜい肉"をけずった結果，15週の授業で使いやすいものに仕上がりました。３訂版では，上記の節が一つ加わりましたが，15週の授業で十分使える分量になっていると思います。

　本書は10章構成になっています。前半の１章から６章は，主に，情報技術全般に関する基本的な事項，および，これと社会との関連について記しています。後半の７章から９章は，主に，図書館業務に関連する情報技術について記しています。最後の10章は，「図書館情報技術論」で教授すべき内容でカバーしきれない，検索技術者検定３級の出題範囲に関する章です。

　内容は，既述のように，平易に記されていますので，初学者でも読めばわかるはずです。まずは，１章から９章の内容を十分に理解し，図書館と情報技術についての基礎を固めて

4

ください。ついで，10章を読み，是非，検索技術者検定３級にチャレンジしてください。なお，この試験にチャレンジする際には，これを実施している情報科学技術協会から出版されている，以下の図書の併読を勧めます。

- 原田智子編著；吉井隆明，森美由紀著. 検索スキルをみがく：検索技術者検定３級公式テキスト. 第２版，樹村房，2020，147p.

文末になりましたが，樹村房の編集担当者である石村早紀氏に，お礼申し上げます。

2023年2月

編者　田窪　直規

図書館と情報技術

検索技術者検定3級 対応

も く じ

【本書の執筆分担】

第1～6章　田中 邦英・田村 俊明

第7章1～5節　岡　紀子・德田 恵里

第7章6節　田村 俊明

第8～10章　岡　紀子・德田 恵里

第1章　コンピュータの基礎

1．コンピュータの成り立ち

（1）コンピュータとは何か

　コンピュータは電子計算機とも呼ばれます。計算機というからには，計算が得意なはずです。しかし，パソコン（パーソナルコンピュータ）の電源スイッチを入れても，ウインドウズなどの初期画面が現れるだけで，計算はできません。一方，電卓なら，スイッチを入れ次第，たちどころに計算してくれます。これでは，むしろ電卓の方を電子計算機と呼ぶべきに思えてきます。

　確かに，パソコンはスイッチを入れただけでは，計算をしてくれません。しかし，これに電卓機能のプログラム（ソフトやアプリとも呼ばれます）を入れておけば，そのプログラムを起動することによって，パソコンは電卓のように計算をしてくれます。パソコンは，プログラムさえあれば，電卓にもワープロにもDVDプレーヤーにも化けることができるのです。しかし，プログラムがなかったなら，ただの箱にすぎないのです。

　実は，電卓もコンピュータといえるのです。足し算や掛け算などの計算専用のプログラムだけが入っている，すなわち計算機だけにしか化けることができないコンピュータなのです。

（2）世界最初のコンピュータ

　コンピュータはいつ頃，誰によって発明されたのでしょうか。世界最初のコンピュータとしては，次の三つのタイプのコンピュータが，候補としてあげられます。

　　①ABCマシン（1942年）
　　②ENIAC（1946年）
　　③EDSAC（1949年）

　ABCマシンは，1942年米国のアタナソフとベリーとによって開発されたコンピュータです。真空管を用いた演算回路を使用しており，電子式のコンピュータとしては世界最初

といえるものです。

　実用化レベルに達したコンピュータとしては，ENIACが最初といえます。これは1946年に米国のエッカーとモークリーによって開発され，大砲の弾道を計算するために使用されました。ENIACのプログラムを変更するためには，多数のスイッチを切り替えると共に，回路の配線をつなぎ変える必要があり，大変な手間がかかりました。その点で，現在のコンピュータとは大きく異なっています。

　EDSACは，1949年に英国ケンブリッジ大学のウィルクスらによって開発されました。EDSACは，プログラムとデータを記憶装置に記憶させる点が画期的でした。世界最初の**プログラム内蔵式コンピュータ**[1]といえます。現在のコンピュータも，このプログラム内蔵式を採用しており，これによってプログラムの変更や追加を簡単に行うことができるようになりました。なお，このようなコンピュータのアイデアは，フォン・ノイマンによるものなので，これはノイマン型コンピュータとも呼ばれます。

　電子式のコンピュータとしては，ABCマシンが最初であり，実用化レベルに達したのがENIACであり，プログラム内蔵式コンピュータとしては，EDSACが最初ということになります。なお，上でプログラムによってさまざまなものに“化ける”のがコンピュータと述べましたが，この意味では，複数のプログラムを内蔵でき，さまざまなものに“化ける”ことができるEDSACが，本格的なコンピュータの始まりというべきかもしれません。

（3）コンピュータの種類

　EDSACの開発以降，プログラム内蔵式の大型コンピュータ，オフィスコンピュータ（オフコン），ミニコンピュータ（ミニコン）とさまざまなタイプのコンピュータが作られました。その後，コンピュータの性能向上により淘汰が進み，現在では以下の五つのタイプのコンピュータが，主に使用されています。

　　①**大型汎用コンピュータ（メインフレーム）**
　　②**パーソナルコンピュータ（パソコン）**
　　③**マイクロコントローラ（マイコン）**
　　④**サーバ用コンピュータ**
　　⑤**スーパーコンピュータ（スパコン）**

　メインフレームは，膨大なデータを高速に処理するためのものであり，現在も企業の基幹業務など高い信頼性が求められる業務に使用されています。通常，メインフレームには多くの端末機（パソコンや，銀行のATMなどの専用機器）が接続されます。

1　プログラムをあらかじめ記憶装置に格納し，それを読み取りながら実行する方式のコンピュータのことを意味します。それまでのコンピュータは，配線のつなぎ変えによって実行させるプログラムを変更していたのですが，プログラムを記憶装置に格納することにより，プログラムを実行させる手間が大幅に削減されました。

　メインフレームはとても高価なコンピュータですが，1970年代に個人でも購入が可能な低価格のコンピュータが発売されました。それがパソコンです。机の上に設置して使用するデスクトップ型と，持ち運びが可能なノート型があります。パソコンは小型のものですが，その性能はひと昔前のメインフレームに匹敵します。このように高性能なパソコンが低価格化したのは，**マイクロプロセッサ**の発明によるところが大きいです。

　コンピュータの心臓部である演算回路は，非常に多くの電子部品で作られています。この演算回路を，切手よりも小さな**ICチップ**[2]に圧縮して詰め込んだのが，マイクロプロセッサ（Micro-Processing Unit：MPU）です。マイクロプロセッサがあれば，メーカーは簡単にパソコンを作ることができました。マイクロプロセッサの進化（集積度の増加）[3]によって，パソコンはますます小型化し，モバイルコンピュータや手のひらに乗る携帯端末が開発されたのです。

　マイコン（Micro-Control Unit：MCU）[4]とは，コンピュータの機能一式を，1枚のICチップの上に実装した製品のことです。実は，マイコンは，パソコンの台数よりもはるかに多く製造されています。それは，パソコンのほかにも，家電製品，携帯電話，工場で使用される機械などにも，これが使用されているからです。電気炊飯器が美味しく炊きあがるように加熱加減をコントロールできるのは，電気炊飯器に組み込まれたマイコンによるものです。このマイコンには，最初は弱く中程では強くといった，加熱の強弱を調節するプログラムが内蔵されています。なお，電気炊飯器のマイコンには，通常の「ご飯」用のプログラムのほかにも，「お粥」用のプログラム，「炊き込みご飯」用のプログラムなども組み込まれています。

　携帯電話は，電卓になったりカメラになったりします。計算もできれば，画像や動画を見ることもできます。これの電話帳は，データベースそのものです。パソコンの機能をそのまま持っているかのように見えます。これにはマイコンが組み込まれており，電話機として，電卓として，カメラとして機能するように，プログラムが内蔵されているのです。スマートフォンにいたっては，好みのアプリ（アプリケーションソフト[5]）を簡単にインストールできます。まるでパソコンのようです。

　なお，パソコンによく似たコンピュータに，ワークステーションと呼ばれるコンピュータがあります。ワークステーションは，メインフレームの超小型化を目指して開発されました。したがって，パソコンよりはるかに高性能・高信頼性を有しており，主に業務用に

2　数mmから数cm角の基板（チップ）の上に，多数の微細な電子部品を実装したもの。ICはIntegrated Circuitの略で，日本語では集積回路と呼ばれています。
3　マイクロプロセッサを構成するトランジスタ（回路を構成する主要な電子部品）の数で比較すると，1970年代では数千だったのが，2020年代には数十億と，百万倍にもなっています。
4　ただし，1970〜1980年代には，個人用小型コンピュータのことをマイコンと呼んでいました。しかし，このようなコンピュータは次第にパソコンと呼ばれるようになり，この言葉は主にマイクロコントローラを指すようになりました。
5　アプリケーションソフトについては，本章2節4項bを参照してください。

使用されています。しかし，パソコンの性能向上により，現在ではワークステーションと
パソコンとの差がなくなりつつあります。

　サーバとは，利用者からの要求に応じて，さまざまなサービスやデータを提供する機能
を持つコンピュータのことです（第 2 章で詳述）。小規模なシステムであれば，パソコン
がサーバとして使用されることもありますが，大規模なシステムでは，パソコンよりも信
頼性や耐久性の面で優れているサーバ用コンピュータが使用されます。複数のサーバを組
み合わせてシステムを構築する場合も多く，そういった用途には，ラックマウント型やブ
レード型といった薄型の筐体（きょうたい）6のコンピュータがよく使用されています。

　スーパーコンピュータは，複雑な科学技術計算を高速で処理することに特化したコンピ
ュータです。気象予報や新しい素材の開発など，大規模なシミュレーションが必要な分野
で使用されています。

図・表 1 - 1　ラックマウントサーバ(左)とブレードサーバ(右)

2．コンピュータの仕組み

（1）ハードウェアとソフトウェア

　コンピュータ，正確にはプログラム内蔵式のコンピュータは，**ハードウェアとソフトウ
ェア**から成ります。ハードウェアとは，コンピュータを構成する機器・装置を指す言葉で
す。ソフトウェアとは，コンピュータを動かすための**プログラム**を指す言葉です。

　では，プログラムとは何でしょうか。入学式，コンサート，芝居には，プログラムがあ
ります。入学式は式次第であるプログラムに従って開始され，それに従って進行されて終
わります。コンサートや芝居もプログラムに従って演奏され演じられます。ここからわか
るように，そこで行われることとその順序などを記したものがプログラムといえます。

　コンピュータのプログラムは，コンピュータにどのようなことをどのような順序で行わ

6　機器を収める箱のこと。ここでは，サーバを収める箱のことを意味します。

せるかを事細かに記したものです。行わせることを「命令」といいますので，これは命令
の手順書と考えることもできます。

　それでは，プログラムに従ってコンピュータはどのように動作するのか，その仕組みを
見ることによって，ハードウェアとソフトウェアの概略を理解しましょう。

　コンピュータの基本的な動作は，データを受け取り，何らかの処理を行い，その結果を
出力することです。そのためには，図・表１−２のように，**入力装置**，**中央処理装置**，**記
憶装置**，**出力装置**が必要となります。これらの基本的な装置で構成されたモノ自体が，ま
さにハードウェアといえます。入力装置は人に例えるなら，「目，耳，鼻，手，皮膚」であり，
中央処理装置と記憶装置は「脳」であり，出力装置は「口，手，足，涙，顔の表情」とい
えるでしょう。

　中央処理装置と記憶装置とがコンピュータ本体です。記憶装置には，２種類の情報が記
憶されます。それは，プログラムとデータです。記憶装置には，図・表１−２のように内
部に多くの記憶エリアがあり，その一つひとつに**アドレス**（住所の番地のように所在位置
を示すもの）が付されています。プログラムやデータを記憶させるときは，アドレスを指
定してその記憶エリアに記憶させます。また，それを読み出すときも，該当するアドレス
を指定して読み出します。

　図・表１−２の例では，プログラムは記憶エリアのアドレス100，101，102……に記

図・表１−２　コンピュータの基本構成と基本動作

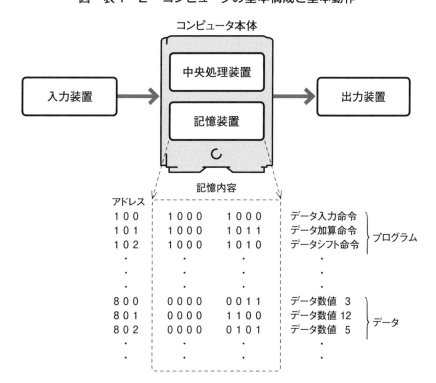

憶され，データはアドレス800，801，802……に記憶されています。プログラムもデータもコンピュータが扱うことができる形式，すなわち「1か0」かの形で記憶されています。ただし，実際には「1」や「0」という文字で記憶しているわけではありません。例えば，「1」は高い電気信号，「0」は低い電気信号といった，電圧の高い／低いで2種類に区別して記憶しているのです。

　中央処理装置は，演算や制御を行います。中央処理装置はかってに演算や制御を行うことはできません。記憶装置に記憶されたプログラムの命令を一つずつ読みだして，それに従って演算や制御を行うのです。

　入力装置は，人が理解できる形のデータを中央処理装置が扱える形（「1と0」の組み合わせ）の信号に変換して，中央処理装置に入力します。代表的な入力装置としては，キーボードがあります。例えば，キーボードの「A」のキーを押すと，「A」に対応するデータ（「1と0」とを組み合わせた信号）がキーボードから中央処理装置に送られます。中央処理装置は，記憶装置に記憶されたプログラムの命令に従って，入力された「A」に対応するデータを，記憶装置のデータエリアに一旦記憶させます。このままでは，「A」に対応するデータが記憶されただけです。「A」のキーが押されたのですから，出力装置の**ディスプレイ**で表示させる必要があります。そのために，中央処理装置が，プログラムに従って記憶装置のデータエリアに一旦記憶された「A」に対応するデータを読み出して，ディスプレイに出力します。ディスプレイは，「A」に対応するデータを，人が見てわかる「A」という文字に変換して表示するのです。

　もしプログラムがなかったなら，いくらキーボードの「A」キーを押しても，ディスプレイには何も表示されないのです。プログラムには，このように単に入力した文字を表示させるだけの単純なものから，何百何千の命令からなる複雑なプログラムまでさまざまなものがあります。

　コンピュータにはハードウェアはもちろん必要ですが，プログラムというソフトウェアがなければ，これは何もできないし何の役にも立ちません。

（2）ハードウェアの基本構成

　コンピュータのハードウェアについて，パソコンを例にとってその構成を見て行きます。図・表1-3は標準的なパソコンの構成です。パソコンの筐体内には，パソコンの本体である中央処理装置と記憶装置があり，さらに**ハードディスク**[7]や**ディスク（CD／DVD）ドライブ**が収められています。中央処理装置は，**CPU（Central Processing Unit）**とも呼ばれます。記憶装置は，**メインメモリ（主記憶装置）**とも呼ばれます。CPUは，

7　SSDが収められているものもあります。なお，ハードディスクについては本節3項aを，SSDについては本節3項c❸を参照してください。

ICチップで作られています。メインメモリには，ICで作られた記憶素子である**ICメモリ**
（半導体メモリ）が使用されています。ハードディスクやディスクドライブは，**補助記憶**
装置と呼ばれます。パソコンの筐体には，入力装置や出力装置が接続されています。

　入力装置としては，アルファベットや記号などの文字を入力する**キーボード**，ディスプ
レイ上の位置を指示したりアイコンなどを指示したりする**マウス**があります。さらに，絵・
図形・写真などを読みとって画像として入力する**スキャナ**，視覚的な情報を画像として取
り込むカメラ，音声を取り込むマイクなどもあります。

　出力装置としては，パソコンの出力を画面上に表示させるディスプレイがあります。ディスプレイは，テレビや携帯電話に使用されている液晶ディスプレイを用いたものが主流
となっています。

　さらに，紙に印字するプリンタも出力装置です。現在は，**インクジェットプリンタ**と**レー**
ザープリンタが主流となっています。インクジェットプリンタは，きわめて細いノズル
の先端からインクを紙に吹き付けて印字します。塗料の三原色である赤・黄・青のインク
を使用すれば，カラー印字もできます。価格が手ごろであり，個人向けプリンタとして普
及しています。レーザープリンタは，レーザー光線と静電気作用を利用して，トナー（粉
末）を紙に定着させて印字します。インクジェットプリンタより高価ですが，高速に印字

図・表１‐３　パソコンの構成

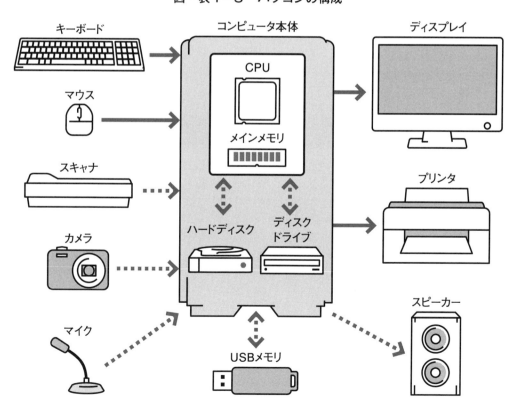

できるので，業務用として普及しています。インクジェットプリンタもレーザープリンタ
も，共に小さな点で文字や画像を印字しています。

　キーボードやプリンタは，付属のケーブルをパソコン本体の側面や背面にある接続口に
差し込んで使用します。異なるメーカーが製造した機器であっても接続することができま
すが，それは接続するための規格（これを接続インタフェースという）が決められており，
それに従って各メーカーが製造しているからです。また，最近ではBluetoothと呼ばれる
近距離での無線通信を行うための規格が普及してきたことにより，ワイヤレスでの接続も
増えてきています。

　パソコンでは，接続インタフェースとしてUSB（Universal Serial Bus）が最もよく使
用されています。パソコンの側面や背面には通常数個のUSBの差し込み口（USBポート
と呼ばれます）が設けられています。

（3）補助記憶装置

　上述のように，パソコンに接続される装置には，
　　①入力装置,
　　②出力装置,
　　③補助記憶装置,
があり，これらを周辺装置と呼びます。
　これらのうち，①と②についてはすでに説明していますので，ここでは③について説明
します。端的に述べれば，これはパソコン内にあるメインメモリを補助するための記憶装
置といえます。例えばパソコンの場合，通常メインメモリの記憶容量は8〜16GB[8]と少
ないので，それを補うために大容量（数百GB以上）の補助記憶装置が必要となるのです。
　CPUは，補助記憶装置から必要なだけのプログラムやデータを読み出してメインメモ
リに記憶させ，そのプログラムとデータに従って演算し，その結果をメインメモリに記憶
させます。データやプログラムがメインメモリにある程度たまると，これらを補助記憶装
置に移していきます。例えるなら，メインメモリはメモ用紙であり，補助記憶装置は分厚
いノートといえるでしょうか。大量のデータやたくさんのプログラムは，補助記憶装置に
記憶しておくことになります。記憶容量が大きいことと，電源を切っても記憶している内
容が消えないことが，補助記憶装置の要件となります。
　補助記憶装置には多くの種類がありますが，パソコンで使用されるものとしては，
　a．磁気ディスク装置,
　b．光ディスク装置,

8　データ量を表す単位については，本章3節2項を参照してください。

　ｃ．半導体メモリ，
があります。

ａ．磁気ディスク装置

　磁気ディスク装置には，フロッピーディスク（FD）と**ハードディスク**（**HD**）がありま
す。フロッピーディスクは，現在ほとんど使用されていません。しかし，ハードディスク
はパソコンには必須の補助記憶装置です。ほとんどのパソコンに内蔵されています。
　ハードディスクの外形は薄い四角い箱で，その中に磁性体が塗布された直径2.5インチ
か3.5インチの円盤（磁気ディスク）が収められています。この円盤を毎分5,400回以上
も回転させて，「１と０」のデータを磁気によって書き込んだり読み出したりしています。
これはきわめて高密度に記録できるため，数百GBから多いものでは数TBの容量を持つの
もあります。
　なお，厳密にはハードディスクとは，この記録媒体である円盤を指します。この円盤を
回転させてデータを書き込んだり読み出したりする装置は，**ハードディスク装置**（**Hard
Disc Drive**：**HDD**，**ハードディスクドライブ**）と呼びます。しかし，このハードディスク
装置を，単にハードディスクと呼ぶことのほうが多いようです。

ｂ．光ディスク装置

　ハードディスク装置内のハードディスク（円盤）が記録で満杯になってしまったとき，
新しいハードディスクを増設することはできません。なぜなら，ハードディスク装置は，
微細なほこりも入らないように密閉されているからです。ハードディスク装置の増設につ
いては，タワー型のような筐体の大きなパソコンであれば可能ですが，ノートパソコンの
場合は空きスペースがないため，増設はできません。しかし，光ディスク装置では，その
記録媒体である光ディスクを簡単に差し替えることができます。一枚目の光ディスクが満
杯になれば，二枚目に差し替えてさらに記録することができます。
　光ディスクそのものは，音楽用のCDとまったく同じ形状の，直径12センチの樹脂製の
ディスクです。「１と０」のデータを微細な凹凸でディスクに記録し，それを読み出すと
きは，レーザー光線を照射して凹凸によるレーザー光線の反射の違い（強弱）を読み取っ
て，「１と０」のデータを再現しています。
　なお，現在よく使用される光ディスクには，ここで取り上げたCDのほかにも，DVDと
BDがあります。各光ディスクは，データの書き込み方式によってさらに分類されます。

■CD（Compact Disc）
　①CD-ROM……コンピュータ用のデータを記録したもので，データの読み出し専用で
　　す。ですから，データを読み出すことはできますが，データを書き込んだり書き換え

ることはできません。CD-ROMには，記憶容量が650MB，700MBの２種類のタイプがあります。

②CD-R……データの書き込みが行えるタイプです。これは，次のCD-RWと異なり，書き込みだけで，書き換えはできません。追記型とも呼ばれます。

③CD-RW……データの書き込みと書き換えの両方が行えるタイプです。

2 DVD（Digital Versatile Disc）

①DVD-ROM……映像用DVDにコンピュータのデータを記憶したもので，読み出し専用です。記録できる容量は4.7GBです。また，記録できる面を二層構造にして，その記憶容量を8.5GBに増加させたタイプがあります。さらに，両面に記録できるものもあり，両面とも二層構造にすると，17GBもの記憶容量となります。

②DVD-R……CD-Rと同様に，データの書き込みが行えるタイプです。

③DVD-RW……CD-RWと同様に，データの書き込みと書き換えの両方が行えるタイプです。DVD-RAMも同じタイプのものです。

3 BD（Blu-ray Disc）

①BD-ROM……DVD-ROMの更なる大容量化を目指して波長の短い青色レーザー光を使用するものです。その記憶容量は25GBでDVDの約５倍です。BDも片面を二層構造にしたタイプが開発されており，記憶容量は50GBになります。さらなる大容量化を目指して開発が続けられています。

②BD-R……CD-RやDVD-Rと同様に，データの書き込みが行えるタイプです。

③BD-RE……CD-RWやDVD-RWと同様に，光ディスク装置を使ってデータの書き込みと書き換えが行えるタイプです。

　このように，CD，DVD，BDには，それぞれにROMタイプ，Rタイプ，RW（RE）タイプがあります。ROMタイプは，プログラムなどを記録して工場で同じ物を大量生産するのに適しています。それは本を出版するのに似ています。本は印刷で大量に作られますが，印刷された本は書き換えることはできません。Rタイプは，ノートにインク（万年筆）で文字や図を書き込むのに似ています。インクは紙に染み込みますから，消して書き直すことはできません。しかし，ノートに白紙のページがあるかぎり，書き込むことは可能です。RW（RE）タイプは，ノートに鉛筆で書き込むのに似ています。鉛筆であれば，ノートに最後まで書き込んでも，消しゴムで消せばまた書き込むことができるからです。

ｃ．半導体メモリ（フラッシュメモリ）

　コンピュータのメインメモリには，半導体メモリが使用されています。その理由は，半導体メモリは，高速にデータの書き込み／読み出しができるからです。高速に演算を行うCPUに追従して，一時記憶するのがメインメモリの役目ですから，メインメモリに高速

の半導体メモリが使われるのは当然でした。しかしながら，この半導体メモリを補助記憶装置として使用することはできませんでした。なぜなら，前述のように補助記憶装置の要件は電源を切っても記憶内容が消えないことでしたが，半導体メモリは電源を切ると記憶内容が消えてしまうからです。ところが，電源を切っても，すなわち電気の供給がなくなっても，書き込まれたデータを記憶し続けるメモリが開発されたのです。その代表格が**フラッシュメモリ**で，さまざまな記憶媒体に使用されています。

❶USBメモリ（USBフラッシュメモリ）

　フラッシュメモリとUSB接続インタフェース回路とUSBコネクターを一体化したものが，**USBメモリ**です。USBメモリをパソコンのUSB差込口に差し込むだけで，ハードディスクより高速にデータを書き込んだり読み出したりすることができます。これは，細長い数センチの小型のものですから，持ち運びにすこぶる便利です。USBメモリの記憶容量は，発売当初は数十MB程度でしたが，年を追うに従って増えていっており，１TBを超える容量を持つものも現れてきました。

❷SDカード

　フラッシュメモリを搭載したカード型の記憶装置で，デジタルカメラや携帯電話などの携帯機器に主として使用されています。SDカードを小型化したものが，miniSDカードやmicroSDカードです。記憶容量はUSBメモリと同じぐらいです。

❸SSD（Solid State Drive）

　これまでパソコンの補助記憶装置としては，ハードディスクが主に使用されてきましたが，モーターで高速回転させた円盤を，磁気ヘッドを搭載したアームで読み書きを行うという構造上，動作音がうるさかったり，衝撃に弱いという欠点がありました。近年では，ハードディスクに代わって，フラッシュメモリを使用した補助記憶装置であるSSDが搭載されるようになってきました。ハードディスクのようにモーターがないため静寂性に優れ，また筐体がコンパクトなので，主としてノートパソコンに使用されています。ハードディスクと比べて容量が少ないという欠点も徐々に改良され，１TBを超える容量を持つものも現れてきました。

（4）ソフトウェアとは

　ソフトウェアには以下の二つがあります。

　ａ．**OS**（Operating System）

　ｂ．**アプリケーションソフト**

a．OS

　パソコンの電源を入れて数秒から数十秒たつと，自動的にディスプレイに画面が表示されます。マウスを移動させると，画面上でマウスのポインターがそれに合わせて移動するようになります。さらにキーボードからの入力もできるようになります。インターネットやプリンタも使えるようになります。つまりパソコンを使って仕事をするのに必要な準備は，パソコンが自動的に行ってくれるのです。この準備をパソコンにさせるのがOSです。

　OSはハードディスクにあらかじめ記憶されており，パソコンの電源を入れるとハードディスクからOSが読み出されて，OSのプログラムに従ってCPUが動作を開始して，さまざまな準備作業をしてくれます。実は，OSはパソコンを使って仕事をするのに必要な準備を行うだけではありません。メインメモリやハードディスクの管理なども行います。ですから，OSはコンピュータにとってなくてはならないソフトウェアといえます。なお，OSについては第6章1節1項でより具体的に解説します。

　パソコン用の代表的なOSとしては，

　①マイクロソフト社が開発した「**Windows**」（正式にはMicrosoft Windows），

　②アップル社が開発した「**MacOS**」，

の2種類があります。

　マイクロソフト社は，Windows系のパソコンを製造しているDell，富士通など世界中のメーカーに，Windowsを供給（販売）しています。したがって，Windowsはさまざまなメーカーのパソコンで使用されています。他方，MacOSはアップル社が製造しているパソコン（Macintosh）でしか使用することができません。

　ワークステーション用のOSとしては，UNIXが有名です。なお，UNIX系のOSとしてLinuxが開発され，無償で提供されています。UNIXやLinuxはパソコンでも利用可能です。

　OSでは操作性が重要視されており，直感的にパソコンを操作できる工夫がなされています。それが**GUI**（**Graphical User Interface**）と呼ばれるものです。これは，ディスプレイ上に表示されるメニューやアイコン（絵，図形）をマウスでクリックするだけで，パソコンの操作ができる技術です。

b．アプリケーションソフト

　パソコンで文書の作成，表計算シートの作成，デジタルカメラの画像編集を行うには，それぞれ専用のソフトウェアが必要となります。文書作成にはワープロソフト（マイクロソフト社のWordなど），表計算には表計算ソフト（マイクロソフト社のExcelなど），画像編集には画像編集ソフト（アドビ社のPhotoshopなど）が必要となります。これらのソフトウェアを総称してアプリケーションソフト（アプリケーションソフトウェア）と呼びます。

アプリケーションソフトは，CD-ROMやDVD-ROMに記録されて販売されたり，インターネット経由で販売されたりします。なお，個人向けパソコンでは，あらかじめよく利用されるアプリケーションソフトを，パソコンのハードディスクにインストールして販売されるのが通常です。

インターネット経由で入手できるソフトウェアを，**オンラインソフトウェア**と呼びます。オンラインソフトウェアには無料で提供されているものがあり，これらはフリーソフトウェアと呼ばれています（なお，入手や一定期間の使用は無料で，継続して使用する場合には料金の支払いが必要な，**シェアウェア**と呼ばれるオンラインソフトウェアもあります）。ただし，フリーソフトウェアであっても，勝手にコピーしてほかの人に配布してはいけない，ソフトウェアを改造・変更してはいけないなど，さまざまな条件が付いている場合もあるので，注意が必要です。

（5）プログラムとは

OSやアプリケーションソフトは，プログラムで作られています。それでは，プログラムとは何でしょうか。前述したように，コンピュータのCPUに仕事をさせるための命令の手順書です。この手順書を作成することを，**プログラミング**と呼びます。しかし，この手順書を日本語で書いても，コンピュータは仕事をしてくれません。なぜなら，コンピュータは日本語を理解できないからです。コンピュータが理解できるのは，「1と0」の組み合わせだけです。ところが「1と0」の組み合わせでは，人が理解することができません。そこで，人がわかる表現でプログラムを作成して，それをコンピュータがわかる「1と0」の組み合わせに変換（翻訳）する仕組みが考え出されました。

人が理解できる表現手段として人が普通に使用する言葉は不向きです。なぜなら，同じことを表現するにしても，以下のようにさまざまな表現があるからです。

・1に2を加える	・1に2を加算する
・1と2との和を求める	・一に二を加える

また文字にしても，ひらがな，カタカナ，漢字などさまざまな種類があります。プログラムは文学作品ではないのです。さまざまな表現があることは，かえって欠点となり，翻訳作業が複雑になってしまいます。

そこで，プログラミング専用の言語が考えだされました。それを**プログラミング言語**と呼びます。コンピュータが理解できる「1と0」の組み合わせからなる言語を，**機械語**と呼びますが，まずこれを何とか人が理解できるようにしたプログラミング言語である**アセンブリ言語**が開発されました。その後，英単語と記号を組み合わせて人がより理解しや

すいようにしたプログラミング言語であるFORTRAN，COBOL，BASIC，C言語，Perl，Javaなどが開発されました（そのほかにも，現在にいたるまで，さまざまな言語が開発されています）。

　C言語などのプログラミング言語で書かれたプログラムは，機械語に翻訳する必要がありますが，誰がどのようにして翻訳するのでしょうか。もちろんコンピュータが行います。しかし，当然ですがコンピュータは勝手には翻訳してくれません。翻訳のためには，これを行うプログラムが必要になります。このためのプログラムには，**コンパイラとインタープリタ**[9]があります。したがって，プログラミング言語とその言語で書かれたプログラムとコンパイラやインタープリタは，セットで必要となります。

　図・表1－4は，Perlと呼ばれるプログラミング言語で書かれているプログラムの例です。これは，ファイル[10]の中の文字列から特定の単語を抽出したり，これをほかの単語に置き換えたり，削除したりと，文字列の加工を行うためのプログラムが書きやすいように開発されたプログラミング言語です。図・表1－4のプログラムが行う仕事は，特定の単語を見つけてその単語をほかの単語に置き換えることです。

　具体的には，以下の命令群から成っています。

　①ファイルから一行分の文字列を読み出す。
　②その行頭に「Author」の文字があれば，「著者名」に変換する。
　③その行頭に「Abstract」の文字があれば，「抄録」に変換する。
　④変換した一行分を書き換える。

図・表1－4　Perlのプログラム

```
open (IN,"〈book_in.txt") ;
open (OUT,"〉book_out.txt") ;
  while ($Line=〈IN〉)              ①⑤
  {
    $Line=˜s/^Author¥./著者名/;    ②
    $Line=˜s/^Abstract¥./抄録/;    ③
    print (OUT $Line) ;           ④
  }
close (IN) ;
close (OUT) ;                     ⑥
```

9　コンパイラとインタープリタでは，翻訳と実行の仕方に違いがあります。コンパイラは書かれたプログラム全体を一気に機械語に翻訳します。それに対してインタープリタは，書かれたプログラムを1行ずつ翻訳して実行します。
10　コンピュータにデータを記録する際に，一つのまとまりとして扱う単位のことです。

⑤ファイルから次の一行分を読み出す

⑥読み出す行がなくなれば，このプログラムを終了する

　このプログラムをコンピュータで機械語に翻訳させながら実行させると，ファイル中の行が何万行，何十万行あろうとも，コンピュータはひたすら文字列を変換する仕事をやり続けます。このようにとても短くて単純なプログラムでも，繰り返すことによって大量のデータを処理することができるのです。

3．コンピュータが扱うデータとは

（1）数値を表す

　プログラムは最終的に，機械語に翻訳されます。機械語は「1と0」で表されています。0も1も数値です。0に1を加えると1になります。さらにそれに1を加えると，どうなるでしょうか。2はありませんから，桁を増やして10と表します。

$$0 + 1 = 1$$
$$1 + 1 = 10$$

　このように，0と1のみを使用して数字を表す方法を2進法と呼び，これで表された数字を2進数と呼びます。2進法では，私たちが通常使用している10進法の数字で2になるときに，一桁位を増やすことになります。以下，2進法を理解するために10進数について復習してみましょう。

　私達は0，1，2，3，4，5，6，7，8，9と進み，さらに一つ進むと，一桁増やして10とします。これが10進法であり，これで表された数が10進数です。10進数では0から9まで10種類の数しか種類がないので，9の次は10と桁数を二桁に増やすのです。このことは，各桁に重み付け，すなわち位があることを意味しています。

　10進数では1の位の重みは1です。10の位の重みは10であり，位が上がるたびに重みは10倍になります。2進数では1の位の重みは1です。2の位の重みは2であり，位が上がるたびに重みは2倍になります。次ページの図・表1－5に示すように，数が大きくなると桁数は当然増えますが，2進数ではその増え方が10進数より早いのがわかります。

　2進数の一桁をビット（bitまたはb）と呼び，8ビットを1単位として1バイト（ByteまたはB）と呼びます。1ビットで表現できる数は，0と1の2通りだけですが，1バイトあれば0から255まで256通りの数を表現できます。

図・表1-5　10進数と2進数

10進数	2進数	10進数	2進数
0	0	15	1111
1	1	16	1 0000
2	10	⋮	⋮
3	11	31	1 1111
4	100	32	10 0000
5	101	⋮	⋮
6	110	63	11 1111
7	111	64	100 0000
8	1000	⋮	⋮
9	1001	127	111 1111
10	1010	128	1000 0000
11	1011	⋮	⋮
⋮	⋮	255	1111 1111

（2）データ量を表す単位

　コンピュータでは，データ量を表す最小単位は，2進数の一桁である1ビットです。しかし，実際には8ビット＝1バイトとして，バイト単位でデータ量を表します。ですから，画像ファイルの大きさ，Wordの文書ファイルの大きさ，ハードディスクの記憶容量などは，すべてバイトで表されます。

　ところで，パソコン用のハードディスクの容量は，現在，「500,000,000,000バイト～2,000,000,000,000バイト」ぐらいです。こんなに桁数が多くては，煩雑でわかり難いですね。そのため，通常は，K（キロ），M（メガ），G（ギガ），T（テラ）などの補助単位を用いて表します。それらの関係は以下のとおりであり，三桁（約1,000倍）毎に補助単位が変わります。

- ・1KB（キロバイト）＝1,024B（バイト）
- ・1MB（メガバイト）＝1,024KB
- ・1GB（ギガバイト）＝1,024MB
- ・1TB（テラバイト）＝1,024GB

　1,024という数字が半端に思えるかもしれませんが，コンピュータは2進数に基づいておりますので，2の10乗＝1,024倍ごとに補助単位が繰り上がる仕組みになっています。なお，わかりやすいように，1KB＝約1000Bとして計算する場合もあります。補助単位を用いれば，上記の「500,000,000,000B～2,000,000,000,000B」は「約500GB～2TB」というように，少ない桁数で表すことができます。

図・表1-6　データ量の具体例

```
 500GB～ ：パソコン用ハードディスク
 128GB～ ：SSD
  25GB～ ：BD（ブルーレイディスク）
 4.7GB～ ：DVD
   8GB～ ：USBメモリ，SDメモリカード
 700MB  ：CD
 300KB～ ：デジタルカメラの1枚の画像
  30KB～ ：Word文書ファイル
   2 B  ：全角文字（漢字など）1文字
   1 B  ：半角文字（アルファベットなど）1文字
```

＊既述のように，Bはバイトの略です

　これまで説明したさまざまなデータ量や記憶媒体の記憶容量を，その大小関係がわかりやすいように，図・表1-6に示しておきます。

（3）文字を表す

　コンピュータが処理するデータは数値だけではありません。パソコン用のワープロソフトであれば，入力された文字を表示したり記憶する必要があります。しかし，キーボードで押されたキーの文字そのもの，例えばAキーであれば「A」のこの形を，そのまま画像として記憶しているわけではありません。やはり「1と0」との組み合わせで記憶しています。

　どの2進数にどの文字を対応させるかの約束事を文字コードと呼びますが，米国規格協会によるASCII（アスキー）コードは，7ビットの数字を使用する文字コードです。これの具体例をあげれば，右ページ枠内のようになります。

```
A    100 0001
B    100 0010
C    100 0011
 ・       ・
 ・       ・
Z    101 1010
 ・       ・
 ・       ・
?    011 1111
```

　次ページの図・表1-7に示すように，例えば「A」という文字をキーボードで入力すると，これの文字コードがパソコン内で処理されて，「100 0001」という形でハードディスクに記憶されます。記憶されたこの文字コードを読み出してディスプレイで表示させる場合には，人が見てわかる文字の形に変換しなければなりません。ディスプレイでは，文字は小さな点（ドット）の集まりで表示されます。例えば，縦24ドット，横24ドットの集まりで一つの文字を表示する場合は，24×24のドットで「A」と見えるように黒ド

図・表1-7 文字コードと文字の表示

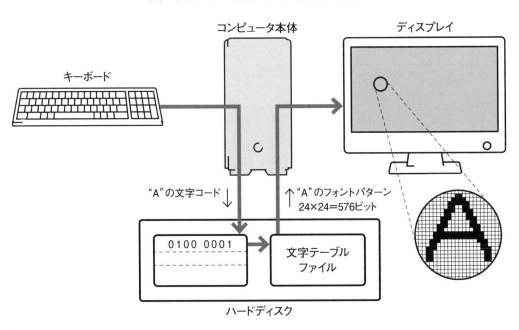

ット，白ドットをあらかじめデザインし，その白黒を「1と0」に対応させて，ハードディスク等に記憶しておきます。このデザインされた多くの文字と文字コードとを関連付けて，ファイル（文字テーブルファイル）に記録しておく訳です。そうすれば，図・表1-7に示すように，「A」の文字コードを指定すれば，ファイルから「A」の形に見えるドットの集まりがディスプレイに出力されます。このドットの集まりで作った文字のデザインをフォントと呼びます。**明朝体**，**ゴシック体**など多くの種類のフォントが，フォントデザイナーによって作られています。

　英語ならASCIIコードで十分なのですが，日本語にはアルファベット，数字，記号に加えて，ひらがな，カタカナ，漢字などの文字種があり，このうち漢字は現在使用されているものだけでも数千種あるので，ASCIIのような7ビットのコードでは足りません。そのため，JIS（日本産業規格）は，16ビット（2バイト）からなる，**JIS漢字コード**を制定しました（これは漢字コードという名称ですが，ひらがなやカタカナも含みます）。以下，JIS漢字コードに基づいて「漢」と「字」のコードの例を示します。

漢	0011 0100 0100 0001
字	0011 1011 0111 1010

　なお，一般的にASCIIコードのように1バイトで表現可能な文字を半角文字，JIS漢字コードのように2バイト必要な文字を全角文字と呼んでいます。

　また，上記以外の文字コードとしては，本章2節4項bで紹介したOSのUNIXで使用される**EUCコード**や，各国の文字のほとんどすべてを扱える国際的な文字コードである**Unicode**などがあります。

（4）画像・動画・音を表す

　古いカセットテープに録音された音楽，地デジになる前の古いテレビで録画されたビデオテープの映像，フィルム式の古いカメラで写された写真の画像などは，すべて**アナログ信号**で記録されています。一方コンピュータは，「1と0」からなる**デジタル信号**しか扱えません。ですから，コンピュータで記憶したり編集するためには，アナログ信号で記録された音や画像をデジタル信号に変換する必要があります。そのためには，アナログ／デジタル変換装置と呼ばれる装置が必要です。

　現在では，デジタルカメラで撮影された画像はデジタル信号形式なので，そのまま，カメラに内蔵されたメモリカードに記憶されるようになりました。会話や音楽を録音する録音機の場合は，一旦アナログ信号で音を捉えますが，これはデジタル信号に変換されて内蔵されたメモリカードに記憶されます。メモリカードに記憶された信号をパソコンで読み込めば，画像ファイルや音声ファイルとして，ハードディスクに記憶させることができます。

　画像はどのようにして「1と0」で記録され，パソコンのディスプレイで見ることができるようになっているのでしょうか。

　ディスプレイの画面は，図・表1-8に示すように，縦と横に細かく区切った，格子状の点の集まりで構成されます。各点には色が付きます。したがって，各点の位置情報と色情報が必要となります。その情報は「1と0」で表されることになります。

図・表1-8　ディスプレイの表示画面

ディスプレイ

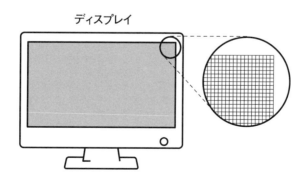

　パソコンのディスプレイは，例えば横1,920×縦1,080＝2,073,600個の画素と呼ばれる点で構成されています。この画素は，ディスプレイの端から整然と並んでいますから，横をX軸，縦をY軸とすれば，各々の画素の位置は簡単に特定できます。大変なのは，

各画素の色をどのように表現するかです。一つの画素の色は，**RGBカラー**と呼ばれる方式で表されます。この方式では，光の三原色である赤・緑・青を組み合わせて，一つの色を表しています。微妙な色具合を表現するために，赤を8ビットの2進数で区別すると，256種類の明るい赤から暗い赤まで表現できます。同様にして，緑も青も各8ビットの2進数で256種類の表現が可能となります。256種の赤，256種の緑，256種の青を組み合わせると，256×256×256＝16,777,216色を表せます[11]。このように，一画素につき8ビット×3＝24ビット（3バイト）が必要となるのですが，このディスプレイの場合，画素数は「**横1,920個×縦1,080個＝2,073,600個**」ですから，ディスプレイの一画面分に必要なデータ量（バイト数）は，「**2,073,600個×3バイト＝6,200,800バイト（約6MB）**」となります。

　この数字は，あくまで一枚の静止画像に必要なビット数です。動画の場合，この静止画像を1秒間に30コマ用意して，パラパラとコマ送りして動きを出しているのです。ですから，たった10秒間の動画でも，30コマ×10秒＝300枚の静止画像が必要となります。ビット数でいうならば，約6MB（一画像分）の300倍のデータ量が必要になるのです。このように，画像や動画を「1と0」で表すには，文字を文字コードで表す場合とは比較にならないほど膨大なデータが必要となります。

　音はマイクで捉えることができます。マイクは捉えた音をアナログ電気信号に変換して出力します。このアナログ電気信号は，図・表1-9に示すように，時間（X軸）と共に強さ（Y軸）が連続して変化する波のような形をしています。

　この連続する波形を，デジタル信号に変換しなければなりません。そのために，一定の時間間隔で，音を点で捉えます。このことを**サンプリング**（**標本化**）といいます。サンプリングで捉えた点の位置（Y軸上の音の大きさ）をデジタル信号化します。Y軸を16ビットの2進数で表すと，2の16乗で65,536通りに分割することができます。捉えたY軸

図・表1-9　音の量子化

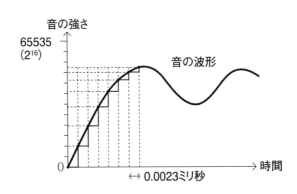

11　しかし，これだけの種類があっても，自然界の微妙な色具合を完全に再現するのは難しいといわれています。

上の0～65,535の目盛りのいずれかの位置で，一番近い所で特定します。これを**量子化**といいます。これで，サンプリング間隔毎に音の大きさが，デジタル信号（2進数）に変換されたことになります。

　例えば，通常音楽用CDを作成するためには，サンプリング時間間隔は0.0023ミリ秒（0.0000023秒）です。つまり，1秒間に44,100回サンプリングが行われています。各サンプリング点で音の大きさを16ビットで特定しますから，1秒間の音を表すデータ量は，「16ビット×44,100回＝705,600ビット（約86KB）」となります。したがって，たった1分間の音楽であっても「705,600ビット×60秒＝42,336,000ビット（約5MB）」となります。画像同様，音の場合もデジタル化すると，そのデータ量はとても大きなものとなってしまいます。

（5）ファイルの圧縮

　画像・動画・音をデジタル化すると，そのデータ量はとても大きな量となります。したがって，データの集まりであるファイルの大きさも，とても大きなものとなってしまいます。当然，ファイルを記憶するためのハードディスクなどの補助記憶装置も，記憶容量の大きい物が必要となります。

　画像をより精密に美しく再現するために画素の密度を上げると，画素数が増加し，データ量も増加します。当然，ファイルの大きさもより大きくなってしまいます。画素数は，縦と横の画素数で決まりますから，縦を2倍，横も2倍の画素数にすると，全体の画素数は4倍になってしまいます。

　音の場合も，より生の音に近い音で再現できるようにデジタル化するには，1秒間のサンプリングの数を増やす必要があります。当然ですが，サンプリングの数を増やせば，データ量が増加して，ファイルも大きくなります。

　そこで，補助記憶装置に少しでも多くの画像や音楽が記憶できるように，またインターネットを通じてより短時間でこれらを送ることができるようにするために，データ量を圧縮する技術が色々と開発されました。

　音の圧縮方式には，次のようなものがあります。

　　①**MP3**……MPEG-1 Audio Layer-3の略。動画圧縮規格であるMPEG-1に含まれている音声圧縮方式。

　　②**WMA**……Windows Media Audioの略。マイクロソフト社が開発した音声圧縮方式。

　画像の圧縮方式には，次のようなものがあります。

　　①**JPEG**……デジタルカメラでは標準的に使用されており，データの圧縮率が高く，データ量をかなり小さくできるのが特徴です。

②GIF……インターネットなどでよく利用されており，圧縮率のわりに画像が劣化しないのが特徴です。

③BMP……Windowsにおいて標準でサポートされている画像形式で，ほとんど圧縮されません。

動画の圧縮方式には，次のようなものがあります。

①MPEG……これには，ビデオCD[12]用規格であるMPEG-1，高画質のDVDやデジタル放送用規格であるMPEG-2，電話回線による電話会議などに使用される圧縮率の高いMPEG-4などがあります。

②Windows Media Video……Windowsの標準動画形式で，高圧縮率であるためインターネットでの動画配信によく使用されています。

③Quick Time……アップル社によって作られた動画方式で，高圧縮率であるためインターネットでの動画配信によく使用されています。

　これらの方式では，例えば連続する同じデータは間引くなど，さまざまな工夫をしてデータ量を少なくしています。しかし，圧縮率を高くすると，どうしても画像や音が劣化します。したがって，圧縮率を優先するか，綺麗な画像や音を優先するかによって，圧縮方式や圧縮率を選択する必要があります。

12　CDに動画や音声などを記録したものです。1993年に開発されましたが，数年後にはDVDに取って代わられ，それほど普及はしませんでした。

第2章 ネットワークの基礎

１．ネットワークとは何か

（１）コンピュータをつなぐ

　企業の総務課を例にとって，コンピュータ同士の接続について考えてみましょう。今，Ａさんは給与計算をしているのですが，そのためにＢさんから社員の出勤データ（出勤，退勤，残業時間など）をもらう必要があるとしましょう。この場合どうすればよいでしょうか。まず，Ｂさんのパソコンに USBメモリを差し込んで，出勤データの入ったExcelファイルを，USBメモリにコピーします。そのUSBメモリを，Ａさんのパソコンに差し込んで，Excelファイルをこのパソコンにコピーすればよいのです。しかし，毎回USBメモリを介してコピーするのは面倒な作業です。

　もし，Ａさんのパソコンとｂさんのパソコンをつなぐことができれば，ＡさんはＢさんの作成したファイルを，直接自分のパソコンにコピーすることができます。

図・表2-1　USBメモリによるファイル移動

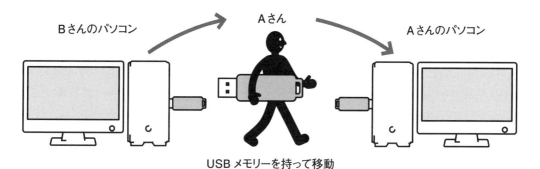

　次ページの図・表2-2のようにパソコンを接続すれば，ＡさんとＢさんは，作成したファイルを互いに共有することができます。しかし，これではＡさんとＢさんとだけしか共有できません。総務課では，社内報告書類や役所に届ける書類など，さまざまな書類を作成しています。各担当者がWordなどで書類を作成しますが，作成された書類ファイル

図・表2-2　パソコン同士の接続

Bさんのパソコン　　　　　　　　　　　　　　　　　　　　Aさんのパソコン

通信ケーブルでつながっている

は，総務課全員がいつでも見られる状態でなければなりません。そのためには，全員のパ
ソコンをつなげればよいのでしょうか。しかしこれでは，見たい書類ファイルが誰のパソ
コンにあるのかを各課員は把握する必要があり，大変です。総務課で使用するファイルは，
何処かにまとめて蓄積しておき，各社員は必要なときに必要なファイルを，自分のパソコ
ンにコピーして利用するほうが合理的です。そのためには，一台のパソコンのハードディ
スクに，共用するファイルを整理して蓄積しておけばよいのです。

　互いに接続されたコンピュータに対して何らかのサービスを提供するコンピュータを，
サーバと呼びます。ファイルを蓄積しこれを提供するというサービスを行うコンピュータ
は，ファイルサーバと呼ばれます（図・表2-3の右上）。今やプリンタは，マイクロコ
ンピュータを内蔵したコンピュータといえ，各パソコンをこれにつないで利用することが
できますが，これはプリンタサーバと呼ばれます（図・表2-3の左上）。第4章で詳述
するデータベースを動かすには，高価な高性能コンピュータを必要とします。ですから，
一台の高性能コンピュータにデータベースを集約して，ほかのパソコンで共同利用するの
が一般的です。このデータベースを動かすコンピュータは，データベースサーバと呼ばれ
ます（図・表2-3の中上）。

　一方，サーバを利用する，すなわちサービスを受ける側のコンピュータ（パソコン）は，
クライアントと呼ばれます（図・表2-3の下の三つ）。

図・表2-3　クライアントとサーバ

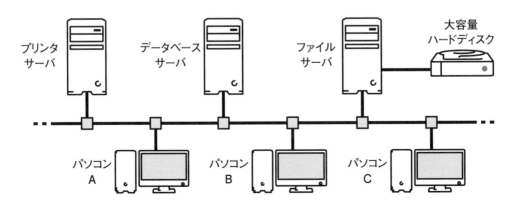

プリンタ
サーバ　　　　　データベース
サーバ　　　　　　ファイル
サーバ　　　　　　大容量
ハードディスク

パソコン
A　　　　　　　　パソコン
B　　　　　　　　パソコン
C

（2）コンピュータネットワーク

　図・表2‐3のような，通信ケーブルによるコンピュータのつながりを，**コンピュータ
ネットワーク**といいます。コンピュータネットワークで何ができるのでしょうか。それは
「共有」と「分散」です。
　まず，「共有」できるものとしては，前述したように，
　　①データ（文書ファイル，データファイル……），
　　②ハードウェア（プリンタ，大容量ハードディスク……），
　　③ソフトウェア（データベースソフト……），
などがあります。前述の，総務課のパソコンを接続している通信ケーブルを経理部や営業
部にも敷設し，本社ビル全体にこれを張り巡らせば，本社ビル内のどこにいても，ケーブ
ルにコンピュータをつなぐだけで，サーバを利用することができます。例えば，データベー
スサーバから顧客データや自社製品データを探し出して，それに基づいて見積書を作成し，
近くのプリンタサーバで印刷することができます。一方，作成した見積書ファイルをファ
イルサーバに保存しておけば，ほかの社員がその見積書をいつでも見ることができます。
　一つの企業の社屋内，大学の構内，研究所内など限定された構内であれば，自由に通信
ケーブルを敷設して，コンピュータネットワークを構築することができます。このような
ネットワークを**LAN**（Local Area Network）と呼びます。
　次に「分散」とは何でしょうか。ファイルサーバには，重要なファイルが大量に記憶さ
れています。このファイルサーバが壊れてしまうと，大変なことになります。ですから，
バックアップ用のファイルサーバを別に設けてネットワークに接続しておき，常に二重に
データを蓄積・管理するということがよく行われます。このような管理を分散管理と呼び
ます。東京本社と大阪支店のLANを結んで，互いにデータのバックアップを持てば，一
方のファイルが地震や火災で壊れても，他方にはそのバックアップが残っていますから，
データを回復することができるのです。このように，離れた地域を結ぶ広範囲なネットワー
クを**WAN**（Wide Area Network）と呼びます。

（3）無線LAN

　前述のような，ケーブルを使用して接続されたLANは，有線LANとも呼ばれています。
サーバや固定的に配置されるデスクトップパソコンは，有線LANを使用することが一般
的ですが，自由に持ち運んで利用することができるノートパソコンの場合，場所を移動す
る度に接続し直さなければならない有線LANは，あまり使い勝手がよくありません。そ
の不便さを解消するために，ケーブルによる接続ではなく，無線でネットワークに接続で

きるよう開発されたのが無線LANです。無線LANにはさまざまな規格がありますが，国際標準規格であるIEEE 802.11を使用したものが**Wi-Fi（ワイファイ）**です。Wi-Fiによるネットワークは構内に留まらず，現在では鉄道や町空間などさまざまな場所で利用できるようになり，スマートフォンや情報携帯端末の普及も相まって，ネットワークという存在が非常に身近なものとなってきました。

2．インターネット

（1）ネットワークのネットワーク

企業内や大学内のネットワークであるLANを相互接続し，さらなるネットワークを世界規模で展開したものがインターネットワークであり，通常インターネットと呼ばれています。

これによって，次のようなことが可能となります。

a．世界規模での情報交換

海外の人であっても，距離や時間を気にせずに，メールでコミュニケーションが可能になります。ファイルのやり取りも行えますから，情報交換の規模が世界的に拡大します。

b．世界規模での情報の発信

ネットワークが全世界につながっていれば，世界に向けて（不特定多数の人に）情報発信が行えます。

c．世界規模での情報入手

世界中から発信される情報を自由に閲覧することができ，情報の入手が便利になります。

インターネットは，米国国防総省が1969年から運用を開始したコンピュータネットワークであるARPANETが，その原形といわれています。当初は特定の機関しかインターネットに接続することができませんでした。その後1990年代にこれがオープン化され，これの商用目的利用が可能となりました。このことに伴い，インターネット接続サービスを提供する**インターネットプロバイダー**（インターネット接続事業者）が出現し，企業や個人のインターネット接続が可能となりました。これを契機として，急激にインターネットが世界中に広がりました。

図・表2-4　インターネット

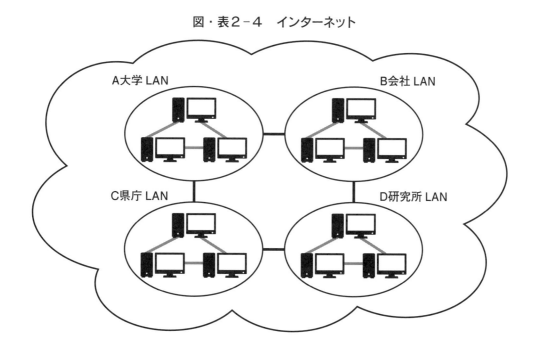

（2）インターネットの基本技術

ａ．インターネットへの接続

　インターネットプロバイダーのサーバは，当然インターネットに接続されています。ですから，自宅のパソコンをインターネットに接続するには，これをプロバイダーのサーバに接続すればよいわけです。接続するためには通信回線が必要となります。初期の頃は，電話回線やISDN（Integrated Services Digital Network）[1]が使用されていましたが，より通信速度の速い回線が，その後出現してきました。現在使用されている主要な回線の種類としては，ADSL，CATV回線，FTTH，モバイル回線があります。

❶ADSL（非対称デジタル加入者回線）
　既存の電話回線で高速のデジタル通信を行います。非対称というのは，上り方向（パソコンからインターネットへ）より下り方向（インターネットからパソコンへ）のほうが通信速度が早く，上りと下りで速度が異なっていることに由来しています。サービス開始当

1　すべての通信をデジタル化することによって，音声通話やFAX，各種のデータ通信などを一つの通信網で取り扱うことができるようにしたものです。

初は下り1.5Mbps[2]，上り512Kbps程度でしたが，その後下り最大50Mbps，上り最大5Mbpsまで向上しました。ただし，後述のCATVやFTTHに徐々に取って代わられ，日本でのサービスは2024年頃に終了する予定です。

②CATV回線

　元々ケーブルテレビの契約者の家にテレビ番組を送るために引かれた専用回線です。これにインターネット用の信号を重ねることで，高速通信を行います。

③FTTH（Fiber to the Home）

　光ケーブルを用いて光信号でインターネット用の信号を送るものです。これは，前二者よりも高速の通信が可能なので，インターネットへの接続回線としては，現在最も多く利用されています。

④モバイル回線

　無線によるデータ通信を行うための回線です。携帯電話やスマートフォンは通信機能が備えられていますので，そのままインターネットへ接続することができますが，パソコンで使用する場合は，モバイルルータと呼ばれる通信機器を使って接続します。通信速度は平均すると数十Mbps程度です。

　CATV回線やFTTHのように，高速で大容量のデータ通信が可能な回線は，**ブロードバンド回線**と呼ばれています。現状のブロードバンド回線であれば，100Mbpsから1Gbpsの速度で通信を行うことができます。

　自宅のパソコンをプロバイダーのサーバに接続するためには，接続用の通信回線を提供してくれる回線サービス会社と契約します。前述の**FTTH**の回線サービス会社であれば，図・表2－5のように，自宅に光ファイバーケーブルを敷設して，さらに信号変換装置を

図・表2－5　インターネットへの接続例

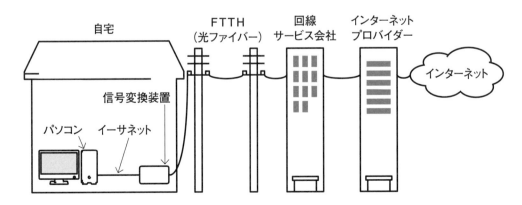

2　bpsとはbit per second，つまり1秒間に送ることができるビット数を意味します。例えば100Mbpsであれば，1秒間に100メガビット（約100,000,000ビット）の信号を送ることができます。

設置し，両者を接続してくれます。インターネットを利用するためには，この装置とパソコンとを接続しなければなりません。パソコンには，**イーサネット（Ethernet）**と呼ばれるプロトコルで通信を行うためのLANポート（接続口）が設けられています。このLANポートと信号変換装置とを，イーサネット用のLANケーブルを使って接続します。ノートパソコンのように持ち歩いて使用するパソコンでは，Wi-Fiなどの無線LANを使用するのが一般的です。この場合には，無線LANルータと呼ばれる機器を使用します。

　上でプロトコルという用語を使用しましたが，これは，通信方法の手順や規則を指す言葉です（後に「d」で詳述します）。ネットワークではさまざまなプロトコルを使って通信を行いますが，パソコンには通常イーサネットで通信を行うための回路（LANボード）が内蔵されています[3]。

　信号変換装置は，パソコンから送られてきた信号を，回線サービス会社の回線に合わせた信号に変換して出力します。FTTHの回線サービス会社であれば，この会社の変換装置は，パソコンからイーサネットで送られてきた電気信号を，FTTH回線で送る光信号に変換して出力します。これで，パソコンは回線を介してプロバイダーと信号のやり取りが可能となり，自宅からインターネットを利用することができるのです。

b．インターネットの通信方法

　インターネット上でデータを送るときには，**パケット通信**という方法が使用されます。これは，データをパケット（小包）に分割して通信を行うものです。

　まず，送るデータを図・表2–6のように，パケットに分割します。各パケットの先頭（ヘッダー）に，宛先とパケットの順番（シーケンス番号）を付けておきます。各パケットは，インターネットの一本の回線を通っていくかもしれません。しかし，その回線が混んでい

図・表2–6　パケット通信

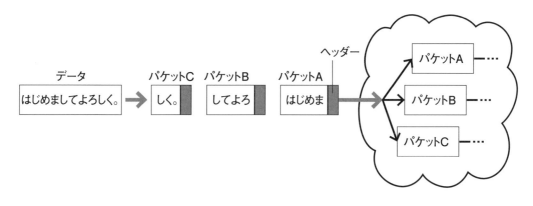

3　ノートパソコンは無線LANで接続するのが一般的になってきましたので，イーサネット用のLANポートを装備しているものは少なくなってきました。

ると，パケットA，パケットB，パケットCは別々に，空いている回線を探して送られます。インターネットの通信回線は網の目状になっていますから，宛先に通ずる経路はさまざまなのです。宛先に，これらのパケットがすべて到着すると，ヘッダーに記録されている順番に並べられて，元のデータに復元されるのです。

パケット通信では，一つのパケットが途中でエラーを起こして破損しても，その一つのパケットのみ再送信すれば事足ります。全部のデータを再送信する必要がないので，より短時間でデータを修復することができます。また，回線が空いている隙間にパケットを入れることで，効率良くデータを送ることもできます。パケット通信は，このように優れた特徴をもっているので，インターネットの初期からこの通信方式が用いられています。なお，パケットに分割して最適な経路で通信を行うためのプロトコルを，IP（Internet Protocol）と呼んでいます。

c．IPアドレスとドメイン名

パケットの宛先は，どのように表現されるのでしょうか。インターネットに接続されているコンピュータ（パソコン）には，一台一台にIPアドレス[4]と呼ばれるアドレス（住所）が割り当てられています。したがって，宛先としてIPアドレスを付しておけばよいのです。IPアドレスは32ビット（4バイト）で構成されています。

> 01111011 00101101 01000011 01011001 （2進数表記）
> 123.45.67.89 （バイト単位の10進数表記）

通常，2進数で表現すると桁数が多くなるので，8ビット（1バイト）ずつに分割され，それぞれが10進数で表現されます。このIPアドレスを宛先として指定すれば，データを送ることができます。しかし，10進数とはいえ数字の羅列ですから識別しがたく，間違いも起こります。そこで，人にとってわかりやすいように，IPアドレスに一対一に対応するドメイン名と呼ばれる名前が付けられました。例えば，IPアドレス「123.45.67.89」は，ドメイン名「abc.ac.jp」といった具合です。abcは固有の名前ですが，jpは国コードで日本を表し，acは属性で大学などを表しています。したがって，ドメイン名から日本のabc大学と推測することができます。ドメイン名は，電子メールのメールアドレスや，WWWのURL（後述）を表すために利用されます。

データを送るためにドメイン名が入力されると，コンピュータはそのドメイン名に対応するIPアドレスを調べます。それは，電話帳で名前から電話番号を調べるようなものです。実は，電話帳に相当するIPアドレス帳は，インターネットに接続されているDNS（Domain

---

4 使用可能なIPアドレスの数は，2^{32}（2の32乗）で約43億（4,294,967,296）です。

Name Server) と呼ばれるコンピュータにあります。世界中のIPアドレスを一台のDNS
で管理するのは大変ですから，国や地域に分散され，さらに上位から下位へと，階層的に
多くのDNSが設けられています。最上位のDNSはルートサーバと呼ばれており，世界中
に13クラスタ[5]あります。DNSに問い合わせてIPアドレスが判明すると，そのIPアドレ
スを宛先としてデータを送ったり，WWWの接続先として指定することができるのです。

　なお，近年インターネットに接続する機器が爆発的に増えてきたため，従来の32ビッ
トのIPアドレスでは番号が不足してしまう恐れがでてきました。この問題を解決するため
に，128ビットのIPアドレスのプロトコルが新たに定められました[6]。

d．プロトコルとは

　プロトコルとは，上述のように，通信方法の手順や規則を指す言葉です。パソコンは，
通常イーサネットと呼ばれるプロトコルで，ほかのパソコンと通信を行っていますが，イ
ンターネットに入るには，IPと呼ばれるプロトコルが使用されます。また，そのほかにも
さまざまなプロトコルが使用され，組み合わされます。

　このことについて，営業資料の送付を例にとって考えてみましょう。今，営業資料を大
阪支社から東京本社に送るとします。送り方としては，郵便，宅配便，社員が直接持参す
るなどさまざまな手段があります。郵便を選んだとしても，郵便局までは徒歩で，郵便局
から集配局までは車で，大阪から東京までは鉄道といった具合に，さまざまな手段で送ら
れます。

　重要な資料であれば，当然書留郵便で送るでしょうし，急ぎなら，速達郵便と組み合わ
せて送ることにするでしょう。また，資料が多い場合は，小分けして複数の小包にするで
しょう。さらに，その資料が紙媒体であれば，コピーして送るか，スキャナで電子化して
CD–RやUSBメモリに記録して送るかなど，さまざまな手段が選択できます。

　前述の営業資料を送る場合，上述のように色々な送る手段を選択できると共に，手段を
組み合わせて送ることもできます。インターネットで通信を行う場合も，通信を行うプロ
トコルを選択できると共に，プロトコルを組み合わせることができます。

　インターネットでは次ページの図・表2−7のように，プロトコルを階層に分けていま
す。これらのプロトコルは，各階層間で組み合わせて使用されます。特にインターネット
の通信では，インターネット層のIPとトランスポート層のTCP（Transmission Control
Protocol）との組み合わせが標準的に用いられており，**TCP/IP通信**と呼ばれます。私達
がインターネットで直接利用する機能を提供するためのプロトコルは，最上位のアプリケ

5　一つのルートサーバは複数のコンピュータから構成されているため，これには集団を意味するクラスタという用
　語が使用されます。
6　従来の32ビットで表現されるIPアドレスのプロトコルは「IPv4」，128ビットで表現されるIPアドレスのプロトコル
　は「IPv6」と呼ばれています。

図・表 2 - 7　インターネットのプロトコル

各層の名称	機能	実際のプロトコル
アプリケーション層	・人間が直接利用するサービスを提供する通信サービス	・HTTP ・SMTP ・FTP ・Telnet
トランスポート層	・パケットがあて先に届いているか確認する機能。届かなかった時に再送する機能	・TCP ・UDP
インターネット層	・データをパケットに分割しIPアドレスから経路を選択して相手に送る	・IP
ネットワークインタフェース層	・物理的なレベルで電気信号や光信号をどのような転送方式とするかを規定	・イーサネット ・PPP

ーション層に位置しています。代表的なものに，次のプロトコルがあります。

　①**HTTP**（Hyper Text Transfer Protocol）……ウェブページを表示させるデータを送るためのプロトコル。

　②**SMTP**（Simple Mail Transfer Protocol）……電子メールのメッセージを送るためのプロトコル。

　③**FTP**（File Transfer Protocol）……ネットワークでファイルを送るためのプロトコル。

　④**Telnet**……ネットワークを介してコンピュータを遠隔操作するためのプロトコル。

　さらに，インターネット電話，テレビ会議，SNS（Social Networking Service）[7]などがインターネットでは利用可能になっており，それぞれのためのプロトコルが設定されています。

（3）ウェブ（WWW）とは

　インターネットの機能には，電子メール，ファイル転送などがありますが，最も広く利用されているものに**World Wide Web**があります。**WWW**と呼ばれたり，単に**ウェブ**（web）と呼ばれたりします（以下，本書では「ウェブ」と表記します）。これによって，インターネットに接続したパソコンなどに，文字，画像，動画などを表示させることができます。

　図・表 2 - 8 は，この本の出版社である樹村房が，ウェブ上で運営しているウェブサイ

7　登録した会員同士で交流することができる，ウェブ上のサービスです。簡易な操作で文書や画像，動画を投稿できるため，図書館では情報発信ツールとしても活用されています。

図・表2-8　ウェブページ8

ト内のウェブページです。なお，ウェブサイトが当該ウェブ（この場合は樹村房のウェブ）の全体を示すのに対して，ウェブページはウェブサイト内の個々のページ（構成部分）を示します。特に，最初のウェブページをホームページやトップページと呼びます。

a．ウェブの仕組み

ウェブでウェブページを閲覧するためには，次の四つの技術が必要となります。

①**URL**（Uniform Resource Locator）……ウェブページが，インターネット上の何処にあるのかを特定するための識別子であって，住所のようなものです。

②**HTML**（Hyper Text Markup Language）……ウェブページを作成するためのマークアップ言語です（これについては「b」で説明）。この言語で記述されたものは，HTML文書，またはHTMLファイルと呼ばれています。

③**ウェブブラウザ**（web browser）……ウェブページを閲覧するためのソフトウェアです。単にブラウザと呼ばれることが多いです。

④**HTTP**（Hyper Text Transfer Protocol）……ウェブページを閲覧するためにHTML文書などをインターネットで送受信するためのプロトコルです。

8　樹村房. 2022-11-24. https://www.jusonbo.co.jp/, （参照 2022-11-24）.

図・表2-9 ウェブページ閲覧の仕組み

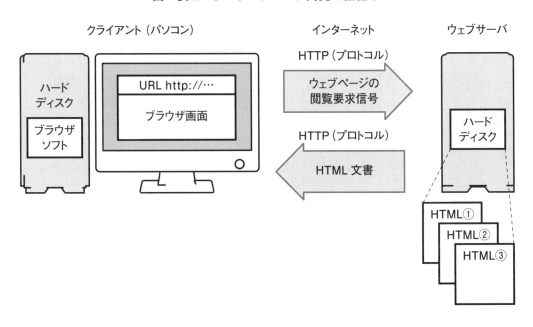

これらの技術を用いてウェブページを閲覧する仕組みは，図・表2-9のようになります。

まず，パソコンでブラウザを起動し，閲覧したいウェブページのあるウェブサーバのURLを入力します。ブラウザは，入力されたURLのウェブサーバに対して閲覧要求信号を，HTTP（プロトコル）に載せて送ります。要求を受け取ったウェブサーバは，ウェブサーバに記憶しているHTML文書を，要求信号を送ってきたブラウザに送ります。HTML文書を受信したブラウザは，それを解釈して，ウェブページをブラウザの画面に表示します。

なお，ウェブサーバは，あらかじめ記憶しているHTML文書を送り返すのではなくて，要求に応じてその場でHTML文書を作成して送り返すこともあります。例えば，ネットショッピングで商品名が入力されると，ウェブサーバがデータベースプログラムを作動させてその商品を検索し，商品の在庫の有無，写真，商品情報などをレイアウトし，それを表示させるためのHTML文書を，自動的に作成して送り返す場合などです。このように，ブラウザからの要求やデータを，ウェブサーバ内のプログラムに引き渡して作動させる仕組みを，**CGI**（**Common Gateway Interface**）と呼びます。

ウェブページを閲覧するといっても，実はウェブサーバからHTML文書を送ってもらって一度パソコンに記憶した後に，それをブラウザソフトで順次再生しているのです。ウェブサーバとリアルタイム（即時）につながったままで閲覧しているわけではないのです。この点が，テレビで番組を受信しながら見ているのとは異なっています。代表的なブラウザとしては，マイクロソフト社のエッジ（Microsoft Edge）やグーグル社のクローム（Google Chrome）などがあげられます。

　ウェブサーバの住所に相当するURLは，本章2節2項cで述べたドメイン名に基づいて，「http://abc.ac.jp」のように表します。これは，プロトコルとしてHTTPを使用して，ドメイン名「abc.ac.jp」にあるウェブサーバを指定していることを表しています。なお，情報のやり取りを暗号化することによって，セキュリティ（情報のやり取りの安全性)[9]レベルを高めたウェブサーバのURLは，「**https**」（Googleでは🔒というマーク）と表示されています。

　ちなみに，URLとよく似た言葉に，**URI**（**Uniform Resource Identifier**）があります。URLがインターネット上の住所を表すのに対し，URIは情報やサービス，機器など何らかの資源（リソース）を一意的に識別するための名称（識別子と呼ばれています）のことで，URLよりも広い概念を表しています。

b．HTMLとハイパーリンク

　HTML文書では，表示させたい単語や文書の前後に，〈TITLE〉や〈FONT color=blue〉といったタグが記述されています[10]。ブラウザは，これらのタグを解釈して指定されたレイアウト，文字サイズ，色などに従って単語や文章を画面に表示させているのです。このような，タグなどの記号の体系を，**マークアップ言語**と呼びます。HTMLは，ウェブページ作成用に開発されたマークアップ言語といえます。

　HTMLには，ハイパーリンク（hyperlink。単に「リンク」と略して呼ばれることも多いです）と呼ばれる機能があります。ハイパーリンク機能を使用すれば，ウェブページとウェブページを結び付けることができます。例えば，ウェブページの中で関連するほかのウェブページをも参照してほしい場合，HTML文書の中に参照してほしいウェブページのURL（リンク先のURL）を埋め込むことができます。埋め込み用のタグとして〈a〉が用意されているのです。以下，次ページの図・表2-10に基づいて説明します。閲覧者は，リンク先のURL（URL B）が埋め込まれている単語や文章（・原子力発電）をマウスでクリックするだけで，ブラウザがそのURLのウェブサーバにHTML文書の要求を出してくれます。するとHTML文書が送られてきて，参照してほしいウェブページが表示されるのです。ですから，HTML文書の作成者は，あらかじめ参照してほしい（引用したい）ウェブページの内容をコピーして，HTML文書中に貼り付けておく（書いておく）必要はないのです。

　ハイパーリンク機能を使用すれば，ウェブページAからウェブページBへ，さらにウェブページCへといったように，クリックするだけでウェブページを次々と閲覧することが

9　セキュリティについては，第6章4節1項を参照してください。

10　マークアップ言語で使用されるタグとは，表示させたい文の付加情報を示すための文字列です。表示させたい文と区別するために，タグの文字列は< >および</ >で囲みます。タグでは，レイアウト，文字の色や大きさ，改行などの文の付加情報が指定できると共に，画像表示やリンク先のURLなども指定できます。

できます。すなわち，これによってウェブページを結び付けて，一群の大きな電子テキストを構成することができるのです。このような，リンクによって関連付けられたテキストを**ハイパーテキスト**（hypertext）と呼びますが，世界的規模のハイパーテキストが簡単に作れることが，ウェブの最大の特徴なのです。

　なお，マークアップ言語には，HTML以外にも**XML**（eXtensible Markup Language）と呼ばれる言語があります。HTMLでは，タグは〈TITLE〉のようにあらかじめ決められたものしか使用できませんでした。しかしXMLでは，タグを自由に設定することができます。例えば，〈書名〉〈著者〉〈出版社〉といった具合です。ですから，タグの後に記述される情報がどのようなものであるかを，わかりやすいタグで表すことができます。タグを見れば，その後にくる情報が何であるかがわかるといった特徴を生かして，情報を送ったり送られたりする情報交換用によく利用されています。さらに，そのまま取り込んでデータベース[11]として再利用することもできるので，利用範囲が広く，注目されています。なお，XMLはデータを記述するための言語ですので，HTMLのような表示画面のレイアウトやハイパーリンクに関する機能は持っていません。これらの機能の実現については，**XSL**（eXtensible Stylesheet Language）と呼ばれるマークアップ言語のファイルを関連付けて，XML文書の表示スタイルを指定することでなされます。

図・表2-10　リンク機能

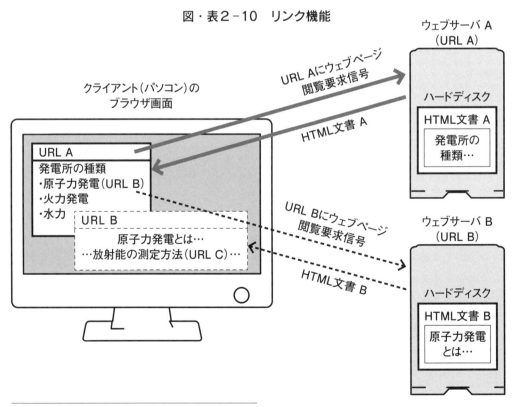

11　XMLデータベースについては，第4章5節cを参照してください。

第3章　情報技術と社会・法律

1．情報技術と情報化社会

　ここでは，**情報技術**について**情報化社会**の特徴との関係で考察し，その後，これがどのような技術から構成されているのかを示します。最後に，現代では情報技術がいかに社会と深くかかわっているかを見ていきます。

（1）情報化社会

　情報化社会の始まりは，1960年代に遡るといわれています。この頃からコンピュータが導入されだし，溢れる情報が瞬時に処理されるようになっていきました。現在では，コンピュータ等の情報を扱う技術が高度に発達し，それが社会を大きく変化させています。

　例えば，雑貨店をはじめようとしたとき，まず店舗が必要となりますが，これの立地条件が重要です。人通りが多くて便利な場所でなければなりません。次に商品ですが，売れそうな商品を品定めして仕入れなければなりません。開店までに広告を出したり，チラシを配ったりと，相当な資金・労力・時間が必要となります。準備万端整えたとしても，商品が売れるとはかぎりません。赤字が続き，閉店ともなれば大損です。店舗費用も仕入れた商品の購入資金も返ってはきません。新しい商売をはじめる際には，相当なリスクを背負わなければなりません。

　しかし，コンピュータのネットワーク化が進んだ「情報化社会」では，コンピュータとインターネットがあれば，店舗がなくても商売は可能です。インターネットを使えば，新聞広告代やチラシの費用も必要ありません。商品も仕入れずに，予約販売に徹することができます。多くの人が予約すればするほど，価格を下げて購買意欲をかきたてることもできます。このような仕組みをインターネットに接続されたコンピュータに組み込んでおけば，24時間商売をすることができます。24時間商品情報が発信され，その結果，24時間購入の申し込みが入ってくるかもしれません。店舗販売の場合のように，立地条件の制約もありません。初期投資が少なくて済むので，商品が売れなかったとしても，予約がなかったとしても，損害は最小限に抑えられるでしょう。もちろん，商品がヒットすれば，少ない資金で多くの利益を得る可能性があります。このように，情報化社会ではビジネスの

やり方一つで大きな変化がもたらされます。

（2）情報技術

　前述の「情報化社会」を支えているのは，「**情報技術**」です。英語を略して**IT**（Information Technology）と呼ばれることのほうが多いようです。この用語は，1980年代米国で使用されはじめたといわれています。ITは情報を扱う技術なので，このための機器であるコンピュータとは，切っても切れない関係にあります。今日では，ITとインターネットに代表される通信技術が融合していますので，**情報通信技術**，すなわち**ICT**（Information and Communication Technology）という用語がよく使用されるようになってきました。

　以前は，コンピュータによる情報処理システムを，単に情報システムと呼んでいましたが，ITと通信技術の融合が進むに従って，多くのコンピュータをネットワークでつないだシステム全体を，情報システムと呼ぶようになりました。

　情報は，人間に例えれば血液であり，社会の中をめぐってこそ価値が生じます。この情報を駆け巡らせるための技術が，ICTのうちの通信技術（CT）です。そして，駆け巡ってきた情報を処理するための技術が，ICTのうちの情報技術（IT）です。駆け巡らせる情報は，データベースに蓄積され，検索されます。上で，今日では，多くのコンピュータをネットワークでつないだシステム全体を情報システムと呼んでいることを記しましたが，情報を蓄積し，これを検索可能にするデータベース，情報を駆け巡らせるネットワーク（通信技術），駆け巡ってきた情報を処理するコンピュータ（情報技術）は，いわば情報通信技術の「三種の神器」といえます（以下，情報通信技術も含めて情報技術と記します）。

図・表3−1　ICTの基本構成

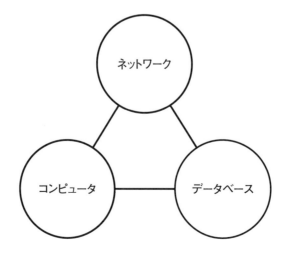

（3）情報化社会の情報技術依存

　情報化社会は，「三種の神器」によって構成される情報技術なくしては成立しなくなっています。例えば，銀行の**ATMシステム**，鉄道会社の**列車予約システム**，商店の販売管理に使用される**POSシステム**などは，コンピュータをネットワークで結んでデータベースを利用することで，はじめて成立するシステムなのです。

　さらに，ネットワークとしてインターネットを利用することによって行われる**電子商取引**（ネット取引やネットショッピング）も，情報技術によっていますし，行政機関や自治体のシステム，例えばマイナンバーを管理・提供している情報提供ネットワークシステムも，情報技術によっています。

（4）IT化からDXへ

　DX（ディーエックス）とは，「Digital Transformation（デジタルトランスフォーメーション）」の略称[1]で，デジタル技術を使って，ビジネスや社会，生活スタイルを変えることを意味します。

　コンピュータの発展と共に，これまで人が行ってきたさまざまな業務がコンピュータに置き換えられてきましたが，これらは主として業務の効率化や迅速化を目的とするものでした。従来行われてきた業務のIT化とDXの違いは，業務の効率化や迅速化そのものを目的とするのではなく，IT化によって導入された新たなデジタル技術やデータを用いて，ビジネスモデルや企業活動の在り方自体を変化させようとする点です。今日では，DXは企業だけでなく，自治体などにおいても推進計画が進められています[2]。

２．情報技術の法的保護

　日々新しい情報技術が開発され，新たな情報が生まれていますが，これらは，第三者に勝手に利用されたり，模倣されたりしかねません。ここでは，これらを保護する法律に注目します。

1　頭文字をとったDTではほかの用語と被るため，transformationの"trans"には交差するという意味があることにちなみ，交差を1文字で表す「X」を使用してDXと略されています。
2　第7章以降で紹介する図書館業務のICT技術，電子資料，デジタルアーカイブなどは，図書館におけるDXの取り組みの一例であるということができます。

（1）知的財産権

　発明や著作物は，**無体財産**や**知的財産**と呼ばれますが，これらは法律で保護される必要
があります。というのは，宝石のような形のある財産（有体財産と呼ばれます）であれば，
自宅の金庫に保管するとか，銀行の貸金庫に保管するとか，さまざまな方法で守れますが，
発明や著作物には形がないため，有体財産と同じようには守れず，複製や模倣が容易になさ
なされるからです。なお，発明や著作物には，それぞれ特許権や著作権という権利が認めら
れており，法的な保護は，これらの権利を守るという形で行われます。

> 発　明……………………………………特許権の保護対象
> 著作物（小説・デザイン・動画など）……著作権の保護対象

　新しく考えたキャラクターのデザイン，新しい歌のメロディー，新しい携帯電話の発明
などは，秘密にしていれば他人に盗まれることはありません。しかし，秘密にしていたの
では意味がありません。新しいキャラクターは多くの人に知ってもらわなければなりませ
んし，新しい歌もCD化したりネットワークを通じて配信して流行らせる必要があるでし
ょう。新しい携帯電話はライバルメーカーより一日でも早く製品化して販売する必要があ
ります。
　このように，知的財産に該当するもののほとんどは，世の中に公開されねば意味があり
ません。ところが，一旦公開されると，新しいキャラクターの模倣品が販売されたり，新
しい歌のCDが勝手にコピーされたりしますし，新しい携帯の偽物が出回ることもありま
す。個人や企業の力では，このようなことを止めることができません。何しろ，誰がどこ
で真似したりコピーしているのかを，すべて把握することなど不可能です。したがって，
法律で保護されなければ，安心して著作物を発表したり，発明品を販売することができま
せん。

（2）知的財産権の種類

　特許権，**著作権**は知的財産権と呼ばれています。知的財産権には，この両者のほかにも
さまざまな種類の権利があり，それぞれ法律で守られています（図・表3－2参照）。
　特許権を保護してくれるのが特許法であり，権利の対象となるのが発明です。実用新案
権を保護してくれるのが実用新案法であり，権利の対象となるのが考案です。考案は発明
と同様なものですが，発明と比較してややレベルが低いという位置付けのものです。意匠
権を保護してくれるのが意匠法であり，権利の対象となる意匠とは，工業製品や機器の操

図・表3-2 知的財産権の種類

作画面のデザインなどのことです。商標権を保護してくれるのが商標法であり，権利の対象となる商標とは，商品や提供されるサービスの名前などのことです。著作権を保護してくれるのが著作権法であり，権利の対象となるのが著作物です。なおこれらのうち，著作権を除く4者は，一括して産業財産権（以前は工業所有権と呼ばれていました）と呼ばれます。

　そのほかにも，半導体集積回路の回路配置利用権を保護してくれる半導体集積回路配置法，新品種として登録された植物の育成者権[3]を保護してくれる種苗法があります。また，知的財産権には該当しないのですが，知的財産権として保護されないブランド名や，企業が第三者に知られないように管理している営業秘密は，不正競争防止法や民法などで保護されます。

（3）著作権と特許権の違い

　知的財産権のうち，著作権と特許権が代表的な権利なので，以下ではこれらの権利に絞って説明します。共に権利の対象が物理的な物でないことは共通しており，似ているように見えるのですが，かなり性格が異なる権利となっています。

　著作権の対象は著作物であり，その表現に対して権利が付与されます。他方，特許権の対象は発明であり，産業上利用可能で新しい高度な技術的アイデアに対して権利が付与されます。特許権は，一つの新しい技術的アイデアに対して権利は一つしか発生しません。しかしながら，著作権は二人の別人が互いに知らずに偶然同じ著作物を創作した場合は，

3　植物の品種改良や新品種の開発には多くの労力や費用がかかりますので，開発者に無断で栽培や販売ができないよう保護するために設けられた権利です。

図・表3-3　著作権と特許権

著作権	表現	著作物	**排他的利用権** （同一著作物複数権利者可）	著作物の創作により自動的に権利発生（**無方式主義**）
特許権	アイデア	発明	**排他的独占権** （一発明一特許権）	特許庁に出願し登録されると権利発生（**方式主義**）

図・表3-4　権利の対象

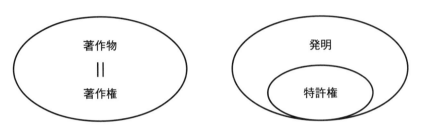

同じ表現に対して二人の著作権者が発生する可能性があります。

　さらに，著作権と特許権では，権利の発生条件が大きく異なります。特許権は，特許庁に発明を出願し，審査を経て発明が登録されてはじめて発生します。一方著作権は，著作者が著作物を創作した時点で自動的に発生します。ですから基本的には，すべての著作物には著作権が発生するといえますが，特許権は一部の発明にしか発生しません（図・表3-4参照）。

（4）著作権とは

　著作権と特許権の違いについて説明しましたが，ここでは著作権の詳しい内容・特徴や，著作権と図書館とのかかわりについて見て行きます。

a．著作権法の目的

　この法律の目的は，第1条[4]に以下のように規定されています。

> 第一条　この法律は，著作物並びに実演，レコード，放送及び有線放送に関し著作者の権利及びこれに隣接する権利を定め，これらの文化的所産の公正な利用に留意しつつ，著作者等の権利の保護を図り，もつて文化の発展に寄与することを目的とする。

4　実際の法律の条文では漢数字が使用されていますが，本文では見やすいようアラビア数字に置き換えています。ただし，条文を引用したところは原文どおり漢数字のままにしています。

b. 著作物とは何か

著作権法では，第2条1項1号で権利の対象となる著作物を以下のように定義しています。

> 第二条　この法律において，次の各号に掲げる用語の意義は，当該各号に定めるところによる。
>
> 一　著作物　思想又は感情を創作的に表現したものであつて，文芸，学術，美術又は音楽の範囲に属するものをいう。　（以下省略）

著作物として認められるためには，①著作者の思想または感情が反映されていること，②創作性があること，③表現されていること，④文芸，学術，美術または音楽の範囲に属すること，の四つの要件を満たす必要があります。なお，「文芸，学術，美術または音楽の範囲に属するもの」とは，文化的活動の所産であるというように理解されています。第10条〜第13条では，さまざまな著作物が例示されています。以下，とりわけ細かく例示している第10条を取り上げます。

> 第十条　この法律にいう著作物を例示すると，おおむね次のとおりである。
>
> 一　小説，脚本，論文，講演その他の言語の著作物
>
> 二　音楽の著作物
>
> 三　舞踊又は無言劇の著作物
>
> 四　絵画，版画，彫刻その他の美術の著作物
>
> 五　建築の著作物
>
> 六　地図又は学術的な性質を有する図面，図表，模型その他の図形の著作物
>
> 七　映画の著作物
>
> 八　写真の著作物
>
> 九　プログラムの著作物
>
> 2　事実の伝達にすぎない雑報及び時事の報道は，前項第一号に掲げる著作物に該当しない。　（以下省略）

c. 著作権の発生と権利期間

前述のように，著作権は著作物が創作された時点で，自動的に発生します。このように，何ら手続きを要しないで著作権を認める考え方を，**無方式主義**といいます。権利期間は，発生した時点から著作者の「生存中および死後70年」です。したがって，20歳のときに小説を書いて80才で亡くなった場合は，生存中の60年分と死後70年分を加算して，権利期間は130年間となります。

また，亡くなった年がわからない無名・変名（ペンネームなど）の著作物や団体名義の著作物は，「公表後70年」です。

d．著作権の種類

　著作物の創作者は，**著作者人格権**と**著作権**（**著作財産権**）を得ることができます。また，著作物を演奏・録音・放送などの手段で伝えようとする者は，**著作隣接権**を得ることができます。さらに，それらの権利が細分化されています。特許権などに比べて格段に多くの種類があり，このことは著作権の特徴でもあります。以下，著作者人格権と著作権に含まれる主な権利について説明します。

　著作者人格権には，**公表権**と**氏名表示権**と**同一性保持権**とがあります。公表権とは，著作者が著作物を公表するかしないか決めることができる権利です。したがって，著作者以外が勝手に公表すると公表権を侵害したことになります。氏名表示権とは，作品に表示する著作者名を本名とするかペンネームとするか，はたまた匿名とするか決めることができる権利です。同一性保持権とは，著作物やそのタイトルを，著作者の意に反して改変することができない権利です。著作者人格権は著作者に帰属する権利であり，他人に譲渡することができません。これは，著作者の「思い，意思，名誉」を守るための権利だからです。

　著作権（著作財産権）には，**複製権**，**上演権**，著作物をテレビ放送したりインターネット送信する権利である**公衆送信権**，著作物を読み上げるなどして公に伝達する権利である**口述権**など多くの権利があります。著作権とは「第三者が無断で×××できない」権利ですので，例えば複製権は「勝手に複製できない」権利と理解することができます。したがって，著作者の許諾を得られたなら，複製（コピーや録音など）したり上演を行ったりすることができます。また，権利そのものを譲渡してもらえば，自分自身が著作権者になりますので，自由に利用することができます。許諾にしろ譲渡にしろ，多くは有償（お金の

図・表3-5　著作権の種類

```
                                        ┌─ 公表権
                      ┌─ 著作者人格権 ───┼─ 氏名表示権
                      │   （譲渡不可）    └─ 同一性保持権
                      │
                      │                  ┌─ 複製権（出版，複写，録音）
  ┌─ 著作者の権利 ────┤                  ├─ 上演，演奏，上映権
  │                   │   著作（財産）権 ├─ 公衆送信権（放送，インターネット送信等）
  │                   └─ （譲渡可能）────┼─ 口述，展示，頒布，譲渡，貸与，翻訳権等
  │                                      └─ 二次的著作物の利用に関する権利
  │
  │                                      ┌─ 実演家の権利
  └─ 著作者以外の権利 ── 著作隣接権 ──────┼─ レコード制作者の権利
                                         └─ 放送事業者・有線放送事業者の権利
```

受け渡しが発生する）となりますから，著作財産権とも言われるのです。

著作権の種類を図・表３−５にまとめておきます。

ｅ．著作権に関する国際条約

日本で創作された著作物は，日本国内だけで流通するとはかぎりません。外国に輸出されることもあります。外国でも日本と同様に，著作権で著作物が保護される保証がなければ，これを安心して輸出することはできません。このことは，外国の著作物が日本に輸入される場合もまったく同じです。このような事情から，海外でも著作権で著作物が保護されるように，**ベルヌ条約**や**万国著作権条約**などの国際条約が創設されました。

ベルヌ条約は，著作権に関する中心的で最も古い国際条約です。これは**無方式主義**を採用するヨーロッパ諸国を中心に1886年に創設された条約で，日本も1899年に加入し，現在では170ヵ国以上が加入しています。無方式主義をとっていることが条件ですから，著作物を加入国に輸出する場合，特別な手続きや表示をしなくても，その国の著作権法に基づいて保護されます。

なお，万国著作権条約（1955年発効）とは，国内事情でベルヌ条約を締結することが困難な国々における著作権の保護を目的とした条約で，ベルヌ条約を補完するものとしてUNESCOによって提唱されたものです。

ｆ．著作権と図書館

図書館に所蔵されている図書の中には，著作権の保護期間がまだ終了していないものが数多くあります。ですから，勝手にコピーすることはできません。勝手にコピーすれば，著作権の中の複製権を侵害することになります。しかし，多くの図書館では，ほとんどの図書のコピーを，著作権者の許諾を受けずに行うことができます。なぜでしょうか。それは，**著作権法第31条**によれば，次の要件をみたすことで，著作権者の許諾なしにコピーすることができるからです。

①図書館などの種類が，国立国会図書館，公共図書館，大学図書館，高専図書館などであること（小中高等学校の図書室（いわゆる学校図書館）は含まれません）

②以下の条件を満たしていること
- 営利を目的としない事業として行われること
- 複製する対象は公表された資料（出版物など）[5]であること
- 利用者の求めに応じて行うこと[6]
- 調査研究[7]を目的とすること

5　ですから，未公表の手稿などは著作者の許諾が必要になります。
6　ですから，利用者の求めがない場合，図書館は勝手にコピーできません。
7　それほど高度な内容は求められず，例えば市民の軽い調べ物も含まれると解釈されています。

　　　　・著作物の一部分の複製であること

　　　　・一人につき一部であること

　第三十一条　国立国会図書館及び図書，記録その他の資料を公衆の利用に供すること
　　を目的とする図書館その他の施設で政令で定めるもの（以下この項及び第三項にお
　　いて「図書館等」という。）においては，次に掲げる場合には，その営利を目的と
　　しない事業として，図書館等の図書，記録その他の資料（次項において「図書館資
　　料」という。）を用いて著作物を複製することができる。

　一　図書館等の利用者の求めに応じ，その調査研究の用に供するために，公表された
　　著作物の一部分（発行後相当期間を経過した定期刊行物に掲載された個々の著作物
　　にあつては，その全部）の複製物を一人につき一部提供する場合。　　（以下省略）

　また，図書館では図書やCDなどさまざまな資料の貸出を行っていますが，これも著作
権法で定める要件を満たすことによって可能となっています。

g．デジタル情報と著作権

　コンピュータやネットワークが身近なものとなってきた1990年代から，図書や雑誌な
どの文字資料や音楽・映像資料など，さまざまな種類のコンテンツがデジタル化されてき
ました。デジタル化された情報は従来のアナログ情報と異なり，コピーしても情報が劣化
しないことが特徴ですが，著作物のコピーを繰り返しても元の品質が損なわれないことが，
海賊版が大量に製作されるなど，著作権者の利益を侵害することに繋がるのではないかと
いう懸念から，法改正によってさまざまな対応が取られてきました。コピープロテクト[8]が
かけられた資料のコピー（ダビング）を制限しているのが，その一例です。

　一方で，コンピュータやネットワークの普及は，情報をオンラインでやり取りすること
を可能にしました。最近の図書館では，電子ブックや電子ジャーナルに代表されるデジタ
ル資料が多く導入されてきていますが，これらは印刷媒体である図書や雑誌と異なり，図
書館に行かなくても利用することが可能です。ただし，従来の図書館サービスは，資料の
コピーであれ貸出であれ，「もの」を対象として考えられており，オンラインでの資料の
提供は想定されておらず，また著作権法上でも対応ができていない状況でした。2020年
に新型コロナウイルス感染症が蔓延し，各地に緊急事態宣言が発令された際には，多くの
図書館が休館を余儀なくされ，オンラインでの資料提供の必要性が強く叫ばれるようにな
ってきました。

8　ディスクなどの媒体に記録された情報の複製を防止するために講じられた技術的な措置のことです。なお，
　デジタル情報の不正な利用を防止するための仕組みについてはさまざまな手法があり，これらを総称して
　デジタル著作権管理（Digital Rights Management：DRM）と呼んでいます。

この状況の改善を目指すべく，2021年5月に著作権法の改正案が成立し，前述した第31条も大幅に変更されることになりました[9]。この改正によって，これまで図書館資料の複製しか認められていなかったものが，ネットワーク等を通じて利用者に複製物を直接送信できるようになります。

（5）特許権とは

ここでは，技術を保護してもらうための特許権と，これについての法律である特許法について説明します。特に，著作権との違いについて注目しながら学習してください。

a．発明と特許の違い

発明と**特許**の関係を，少し詳しく見て行きましょう。

まず発明ですが，**特許法**により「**自然法則**を利用した**技術的思想**の創作のうち高度なもの」（特許法第2条）と定義されています。

次に特許ですが，世の中にある数ある発明のうちで，特許法上の要件を満たして特許庁に登録されたものが特許になります。

b．特許法の目的

特許法の第1条では，特許法の目的として「**発明の保護**と，**発明の利用**を図ることを目的とする。」と明記されています。保護と利用とは何を意味するのでしょうか。

> 発明の保護とは：発明者には特許権を付与すること
> 発明の利用とは：特許権付与との引き替えに発明を公開させること

発明者が，発明を特許庁に**出願**し**登録**されると，特許権が発明者に付与されますが，その代わりに発明の内容が特許公報で公開されて，公になります。他人は，その発明を無断で利用して製品化することはできません。しかし，**発明の実施**[10]を許諾してもらったり，公開された**特許権**を**譲渡**してもらうことによって製品化することはできます。発明者は，発明の実施を許諾したり権利を譲渡することで，**対価**が得られます。特許の実施を許諾してもらったり権利を譲渡してもらった他人は，新しい技術を開発することなく製品を製造・販売することができます。発明を公開することは双方にとってメリットがあり，これによ

---

9 第31条の主な改正内容は以下の2点です。一つは国立国会図書館が絶版等資料のコピーを利用者に向けて公衆送信することを可能にするもので，2022年5月から施行されています。もう一つは公共図書館や大学図書館が図書館資料のコピーを利用者に向けて公衆送信することを可能にするもので，2023年6月から施行される予定です。

10 発明の実施とは，発明品を生産したり販売したりする行為などを意味します。

って発明の利用が促進されることになります。このようなメカニズムで，発明を保護しその利用をはかるという特許法の目的が果たされることになります。

ｃ．特許権

　発明を特許庁に出願し登録されると特許権が発生しますが，この特許権はきわめて強大な権利です。

　特許権は排他的独占権です。すなわち，日本国内で一定期間独占的に実施できる権利です。それゆえ，これは合法的に市場を独占できるほどの強大な権利といえます。

　一つの発明に対して一つの特許権しか付与されません。同じ発明が複数あっても，最初に出願された発明にしか特許権は付与されません。したがって，特許権を取得すれば，その権利を取得した企業などが，その権利を利用した製品を独占的に製造・販売することが可能となります。資本主義社会では，特定の企業がある市場を独占することは独占禁止法などで規制されてきわめて難しいのですが，特許権による独占は合法的なのです。

ｄ．特許権の獲得から消滅まで

　特許権を得るためには，まず発明の内容を記載した書類を作成して，特許庁に出願する必要があります。ただし，出願しても，図・表3－6のように出願が拒絶されることもあ

図・表3－6　出願から権利消滅まで[11]

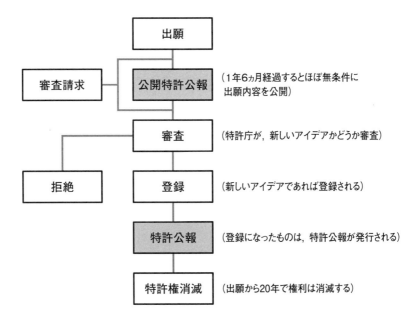

11　「公開特許公報」と「特許公報」（これらを合わせて特許情報と呼びます）を調べることができるデータベースについては，第10章6節1項の図・表10－14を参照してください。

ります。また，これも同図・表にあるように，一定の期間が経過すると特許権は消滅します。以下，図の流れに従って詳しく説明します。

　出願がなされ1年6ヵ月経過すると，ほぼ無条件に**公開特許公報**が発行されて，出願内容が公開されます。誰がどのような発明を出願したのかを，誰もが知ることができるのです。出願から3年以内に出願人等が**審査請求**を特許庁に対して行うと，特許庁は出願された発明が特許法で定められた**特許要件**を満足しているか否かについて審査します。この特許要件とは，

　　①**自然法則**を利用し，**産業上利用可能**な技術であること，

　　②まだ発表されていない新規な技術であること（**新規性**），

　　③現状の技術より，より進んだ技術であること（**進歩性**），

　　④同じ発明がすでに出願されていないこと，

であり，これらの要件をすべて満たしてはじめて特許として認められ，登録することが可能となります。

　特許が登録されると，権利内容を示す**特許公報**が，特許庁から発行されます。したがって，誰がどのような特許権を持っているのかは，世界中の誰もが調べればわかります。これに対して，誰がどのような著作権を持っているかは，一部の有名著作者のもの以外はわかりません。なぜなら，著作権は出願する必要がありませんし，公報も発行されないからです（ただし，文化庁に著作権を登録することは可能です。登録された著作権は第三者がその内容を確認することができます）。

　登録されると特許権が発生し，出願から20年を経過すると権利は**消滅**します。出願から登録まで早くて1年ぐらい，平均的には2〜3年かかっていますから，実質**権利期間**はおおよそ17〜19年になります（ただし，特許庁に申請して認められれば，さらに数年間延長することが可能です）。著作権の権利期間に比べれば，かなり短いといえます。

　当然ですが，特許権が消滅すれば，どんなに画期的な発明でも，誰もが自由に利用することができます。

第4章　データベースの仕組み

１．人とデータベースとのかかわり

　第3章で述べたように，データベースはコンピュータとネットワーク（インターネット）と共に，情報技術の根幹をなす重要なものです。データベースは私たちの生活と深くかかわっており，私たちは生活する上で，データベースを利用せざるを得ない状況にあります。しかしその一方で，私たちはデータベースに利用されてもいます。

　このことについて，最も頻度が高いインターネットからのデータベース利用について考えてみましょう。ネットショッピングの際，ほしい商品をデータベースで検索して購入すると，誰がどのような条件で検索したか，どの商品を購入したかの情報が，データベースに登録されます。また，ホテルの空室をデータベースで検索して予約すると，誰がどのような条件で検索したか，どのホテルを予約したかの情報が，データベースに登録されます。そして，この情報が利用されて，好みのブランドの新商品の案内メールが届いたり，以前予約したホテルの宿泊プランの案内メールが届いたりするわけです。

　このように，私たちのデータベース利用時の情報が，データベースに取り込まれて蓄積され，それらがデータベースによって再利用されます。これは，便利さを享受することの対価を支払っているのに等しいといえます。私たちは，データベースを利用するときには，常にこのことを肝に銘じる必要があります。

２．データベースとは何か

　世の中にデータベースと呼ばれるものが多数存在しますが，データベースとは，いったい何なのでしょうか。著作権法では，第2条第1項第10の3号で，これを次のように定義しています。

　　第二条　この法律において，次の各号に掲げる用語の意義は，当該各号に定めるところによる。　（途中省略）

　　十の三　データベース　論文，数値，図形その他の情報の集合物であつて，それらの情報を電子計算機を用いて検索することができるように体系的に構成したものをい

　｜　う。　（以下省略）

　この条文によると，「コンピュータを用いて検索できるように体系的に構成された情報の集合物」が，データベースということになります。

　次に，日本産業規格（JIS）の定義を確認します。これのコンピュータ処理に関する規格のうち，JIS X 0001:1994年「情報処理用語（データベース）」で，データベースは以下のように定義されています。

　｜　（データベース）
　｜　複数の適用業務分野を支援するデータの集まりであって，データの特性とそれに対
　｜　応する実体との間の関係を記述した概念的な構造に従って編成されたもの。

　また，JIS X 0807:1999年「電子文献の引用法（データベース）」では，以下のように定義されています。

　｜　（データベース）
　｜　特定の規則に従って電子的な形式で，一ヵ所に蓄積されたデータの集合であって，
　｜　コンピュータでアクセス可能なもの。

　これらで共通することを図示すると，以下のとおりになります。

| データや情報の集合物 | ＋ | コンピュータで検索できる | ＝ | データベース |

　つまり，「データや情報の集合物」と「コンピュータで検索できる」という二つの条件をみたしているものが，データベースであるということです[1]。

3．データベースとコンピュータ

　初期のコンピュータはまさに計算機であって，いかに高速で計算するかに主眼がおかれていました。したがって，初期のコンピュータは，計算には強いが記憶できる容量はきわめて少ないものでした。時代と共にコンピュータの計算能力は飛躍的に増大し，それと共に記憶容量も飛躍的に増加しました。

　1990年代半ば頃のパソコンでは，内蔵ハードディスクの容量はおおよそ数GBでしたが，2020年代に入ると数百GBから数TBまで増加しています。例えば，1GB（約10億バイト）のハードディスクであれば，日本語の1文字は2バイトで表現できますから，約5億文字を記憶できます。これは，1ページ1,000文字で500ページの図書であれば，1,000冊の図書の文字数に相当します。したがって，1TBのハードディスクであれば，1,000冊のさらに1,000倍，つまり100万冊の図書の文字数が記憶可能になります。

1　データベースの定義については，第8章2節1項も参照してください。

　記憶できるのは文字だけではありません。音楽，画像，動画など，さまざまなデータが記憶できるようになりました。今やコンピュータは単なる計算機ではなく，以下の図式で捉えるべきものになっています。

| コンピュータ | ＝ | 計算機 | ＋ | データ庫（データファイル） |

　このように，コンピュータはデータ庫の側面を持つようになり，さまざまなデータがデジタル化されて，コンピュータに記憶・蓄積されるようになりました。しかし，膨大なデータが蓄積されただけでは，何の役にもたちません。必要なときに必要なデータを検索できなければなりません。

　コンピュータは，電源を入れただけでは，何もしてくれません。文書を作成したいのであれば文書作成ソフト，例えばWordを起動（プログラムを実行すること）しなければなりません。表計算を行うためには表計算ソフト，例えばExcelを起動しなければなりません。コンピュータに何かをさせたいときには，プログラムが必要となります。

　さらに，そのプログラムを実行して作成した文書や表計算データを記憶するために，データファイル（文書ファイルや表計算ファイル）も必要となります。

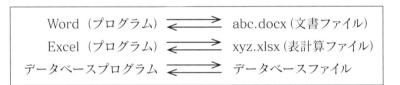

　プログラムとデータファイルは一対のものであり，プログラムとデータファイルのうちのいずれか一方だけでは，何の役にも立ちません。データベースも同じで，データベースの機能を実行するプログラム，つまりデータベースプログラムとデータを記憶するファイル，つまりデータベースファイルの両者が必要になります。

4．データベースシステム

（1）カード目録

　1980年代に入った頃までは，図書館で図書を検索する際には，紙のカード目録が一般的に使用されていましたが，これは作成するにも検索するにも不便なものでした。

　まず，目録の作成について考えましょう。カード目録の場合，図書館で図書が購入されると，書名や著者名から調べられるように，書名目録カードや著者名目録カードを作成す

る必要が生じます。著者名目録カードの場合，著者が2名であれば，このカードを2枚作成せねばなりません。これらのカードは，書名や著者名の「五十音順」や「アルファベット順」に並べられます。そのためには，カードを並べるためのカードボックスを，書名や著者名などのカードの種類ごとに用意せねばなりません。あらたに図書を購入すると，カードを追加作成しなければなりませんし，カードを追加するときには，すでにストックしているカードをシフトする必要も生じます。

　次に，これの検索について考えましょう。カードは書名にしても著者名にしても，先頭の文字から順に並べてありますから，例えば著者名が「安藤彰敏」であれば，「安藤」（あんどう，Ando）から調べることができますが，苗字を失念した場合，「彰敏」（あきとし，Akitoshi）からは調べることができません。また，並べられている順序を意識して，一枚一枚カードを繰って検索することになるので，時間もかかります。

図・表4-1　目録カードの例（著者名目録用）

ｼﾞﾂﾓﾘ, ﾏｻｺ	先頭に表示された名称によって，カードを並べます。ここでは著者名が表示されています。書名目録用のカードでは，この位置に書名（ガクシュウ ノ シンリ）が表示されます。
141.33 ZM　学習の心理：行動のメカニズムを探る ／ 実森正子，中島定彦共著 東京：サイエンス社，2000 v, 206p；19cm. ―（コンパクト新心理学ライブラリ） 引用文献：p191-199 t1. ｶﾞｸｼｭｳ ﾉ ｼﾝﾘ　t2.ｺﾝﾊﾟｸﾄ ｼﾝｼﾝﾘｶﾞｸ ﾗｲﾌﾞﾗﾘ a1. ｼﾞﾂﾓﾘ, ﾏｻｺ　a2. ﾅｶｼﾞﾏ, ｻﾀﾞﾋｺ s1. 学習心理学 ① 141.33 　　　　　○	

（2）目録データベース

　データベースには次のような機能が必要となります。
　　①データの入力，記憶，更新，削除
　　②検索，抽出
　　③出力（表示，印字）
　これらの機能は，データベースプログラムが担います。これらの機能は，データベースを管理する機能とみなすことができるので，データベースプログラムは，**データベース管理システム**（DataBase Management System：DBMS）と呼ばれています。そして，このDBMS，コンピュータ，データベースファイルで構成されたものを，データベースシステムといいます（次ページの図・表4-2参照）。ただし，単にデータベースと呼ばれることのほうが多いようです。

図・表４-２　データベースシステム

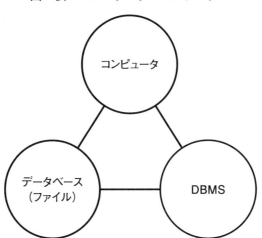

　データベースファイルに，書名，著者名，出版者，出版年などの情報を登録すれば，目録データベースシステムとなります。これには数々の利点があります。

a．データの入力・記憶は，１件（１レコード[2]）につき１回でよい

　１件の目録データが，作業用やOPACなどさまざまな画面で使用されます。

b．データの追加は自由で，順番を気にする必要がない

　目録データの表示順序は，五十音順，年代順など，すべてコンピュータが行ってくれますので，データ作成者が気にする必要はありません。

c．コンピュータによるものなので高速検索が可能

　検索画面から検索語を入力すると，直ちに検索結果を表示してくれます。

d．さまざまな検索が可能

　書名や著者名での検索はもちろんのこと，出版者や出版年でも検索することができます。また，書名や著者名の一部分，例えば「安藤彰敏」の「彰敏」しかわからなかったとしても，検索が可能です。さらに，複数の検索項目を組み合わせて検索することもできます。例えば，著者名＝安藤彰敏，出版者＝日外アソシエーツという二つの条件を満足する図書を検索することもできます。

2　ひとかたまりのデータ（もしくは一連のデータ）をレコードといいます。この場合，おおよそ１冊の図書に必要なデータのかたまり（もしくは一連のデータ）を指しています。

図・表4-3　目録データベースシステム

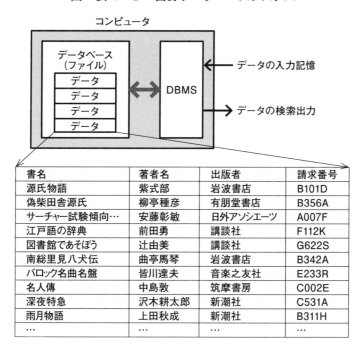

書名	著者名	出版者	請求番号
源氏物語	紫式部	岩波書店	B101D
偽柴田舎源氏	柳亭種彦	有朋堂書店	B356A
サーチャー試験傾向…	安藤彰敏	日外アソシエーツ	A007F
江戸語の辞典	前田勇	講談社	F112K
図書館であそぼう	辻由美	講談社	G622S
南総里見八犬伝	曲亭馬琴	岩波書店	B342A
バロック名曲名盤	皆川達夫	音楽之友社	E233R
名人傳	中島敦	筑摩書房	C002E
深夜特急	沢木耕太郎	新潮社	C531A
雨月物語	上田秋成	新潮社	B311H
…	…	…	…

ｅ．同時に複数の人が検索可能

　データベースシステムに多くのコンピュータが接続されていれば，多くの人が同時に検索することができます。

ｆ．データの更新（追加，修正，削除）が，リアルタイムに可能

　目録データの誤りを発見した場合，当該データを呼び出して修正を行い更新すれば，直ちにデータベースに反映されます。

　なお，図・表4-3に目録データベースの構造を示しておきます。図・表4-2と比較して理解してください。

（3）データベースの機能による分類

　データベースは検索機能と管理機能という二つの機能を有しており，二つの機能の割合の大小によって，①検索型，②両用型，③管理型に分けることができます。
　上記の①検索型は，まさに検索中心のデータベースであって，例えば辞書データベースや文献データベースなどがこれに該当します。これらのデータベースは，管理のためにデ

図・表4-4　データベースの機能による分類

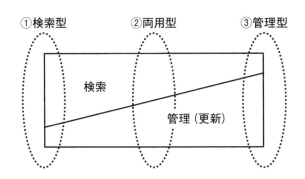

ータが更新される回数や頻度に比べて検索される回数が圧倒的に多いデータベースです。
例えば，「JapanKnowledge」[3]がこれに当たります。

　上記の②両用型は，検索の回数も管理のための更新も多いデータベースです。例えば，
前述した目録データベースや，新幹線の座席予約システムなどがこれに含まれます。目録
データベースでは，図書の検索が頻繁に行われますが，図書の受け入れなどに伴うデータ
の更新もよく行われます。

　上記の③管理型は，検索されることは少ないが，管理のためのデータ更新回数がとても
多いデータベースです。例えば，スーパーマーケットなどの，どの商品がいつどれだけ売
れたかを管理するためのデータベースがこれに該当します。このデータベースでは，客が
レジで精算する度に，売れた商品のデータ（商品名や数量，価格など）が，管理のために
記憶されて行きます。しかし，売上集計のための検索は，例えば1日に1度閉店後という
ように，比較的少ないのが特徴です。

　データベースは，当初データを瞬時に検索できることが重要視されていましたが，時代
と共に，大量のデータをリアルタイムに管理できることも重要視されるようになりました。

5．データベースの種類

　前節の3項では，検索機能と管理機能という観点から，データベースシステムを3種類
に分類しました。しかし，より基本的には，データベースシステムはその仕組み（データ
構造）の違いによって分類されます。この分類に基づくと，データベースシステムは以下
のように分類されます。
　　a．リレーショナルデータベース

3　「JapanKnowledge」については，第10章6節1項の図・表10-12を参照してください。

　　b．オブジェクト指向データベース

　　c．XMLデータベース

　　d．全文検索データベース

　なお，これらのほかにも階層型データベース，ネットワーク型データベースやカード型データベースというものもありますが，ここでは説明を省略します。

a．リレーショナルデータベース

　リレーショナルデータベースは，65ページの図・表4−3に示したように，データを行と列からなる表形式で表現しますから，データが見やすく，また，**SQL**というデータベース操作言語を用いて，データの検索，並べ替え，更新などの操作を簡単に行うことができます。これは，現在もっとも主流であるデータベースシステムであり，単にデータベースシステムといえば，リレーショナルデータベースを指している場合が多いです。

b．オブジェクト指向データベース

　データベースで扱う情報は，今や文字情報だけではありません。文字情報に加えて，イメージ（画像）データ，三次元データ，地図データなど，さまざまなデータを管理できることが必要となってきました。このようなデータの管理を簡単に行えるのが，オブジェクト指向データベースです。しかもこのデータベースでは，命令を組み合わせてプログラミングするのではなくて，あたかもコンピュータと対話するような感覚で，データベースを構築することができますから，データベース構築の効率も上がります。

c．XMLデータベース

　ウェブページを作成する際に，文字や画像を画面上にどのように配置するかは，HTMLを用いて記述します[4]。このHTMLはマークアップ言語の一種であり，例えば，開始タグ

図・表4−5　XMLデータベース

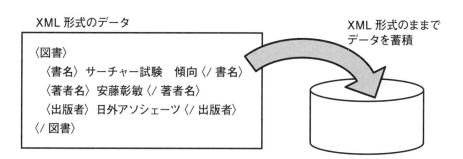

XML 形式のデータ

〈図書〉
　　〈書名〉サーチャー試験　傾向〈/ 書名〉
　　〈著者名〉安藤彰敏〈/ 著者名〉
　　〈出版者〉日外アソシェーツ〈/ 出版者〉
〈/ 図書〉

XML 形式のままでデータを蓄積

4　HTMLおよびXMLについては，第2章2節3項bを参照してください。

〈TITLE〉と終了タグ〈/TITLE〉で文字列を囲み，その文字列の文字の種類や色などを指定します。このHTMLと兄弟関係にあるマークアップ言語としてXMLがあり，これは文書の構造記述用に特化したものです。XMLでは，例えば「〈書名〉サーチャー試験　傾向と対策〈/書名〉」のように，データの意味を示すタグを自由に定義できます。一般にデータベースでは，蓄積するデータの項目ごとにデータの定義が行われますが，XMLデータベース場合，定義するまでもなく，タグによってこのデータは「書名」，このデータは「著者名」などということがわかるので，XML形式のままでデータをどんどん蓄積して行くだけで，データベースができてしまいます。

d．全文検索データベース

　全文検索データベースでは，検索者が思いついたキーワードで膨大な文章をすべて検索して，一致するキーワードが含まれている文章を探し出してくれます。Googleなどのインターネットのサーチエンジン[5]は，世界中のウェブから収集した全文章を，この検索データベースに蓄積して，利用者が自由に入力したキーワードで検索できるようにしています。

5　サーチエンジンについては，第5章を参照してください。

第 5 章　サーチエンジンの仕組み

１．ウェブ検索の歴史とサーチエンジン

　ウェブは情報の大海です。この大海の中から求める情報を探しあてるには，どうすれば
よいのでしょうか。求める情報は，ウェブ内のどこかのページにあるわけですから，まず
はウェブ内の当該ページの**URL**がわからなければなりません。ウェブサービス[1]が始まっ
た頃は，雑誌やメールで知ったURLをブラウザに直接キー入力して，そのウェブページ
を順次閲覧して情報を得ていました。当然そのページにはリンクが張られていますので，
そのリンクをたどって**ブラウジング**を続け，さらに関連する情報を得ていたのです。

　そのうち，同じテーマを扱うウェブやページのURLリスト，つまり**リンク集**を，個人
や企業が公開しはじめました。しかし，その後のウェブサイトの増加に，リンク集は追い
付けなくなりました。欲しい情報のあるウェブページに簡単に辿り着くには，あらかじめ
これらを集めてデータベース化し，検索できるようにしたデータベースシステムが必要と
なりました。このインターネットの検索用に特化したシステムを，**サーチエンジン**または
検索エンジンと呼びます（以下，サーチエンジンと記します）。

２．サーチエンジンの種類

　サーチエンジンは，ウェブページの収集方法や収集したサイトやページの整理の仕方な
どによって，**ディレクトリ型**，**ロボット型**，**メタ型**に分類されます。

（１）ディレクトリ型

　ウェブサービスが始まった頃は，前述のようにリンク集が多く作られました。検索した
いテーマに合致するリンク集があれば，効率よく調べられましたが，常に合致するリンク

1　元々は，ネットワークを経由してアプリケーションの機能を利用するための技術や仕組みのことを意味し
　ていましたが,ここでは,インターネット上で提供されるさまざまなサービスという意味で使用しています。

集があるとはかぎりませんでした。また，ほどんど更新されず，信頼性に欠けるリンク集も多くありました。

　このような状況を打開すべく，ウェブページを網羅的にチェックし，その内容を人が読んで判断し，階層的に分類して検索できるようにするシステムが生まれました。これが**ディレクトリ型サーチエンジン**であり，別名**カテゴリ型サーチエンジン**とも呼ばれます。検索テーマに従って，大分類，中分類，小分類とたどって行きます。

　ただし，人手により収集・分類されるので，サーチエンジンに登録されるまでに時間がかかります。さらに，すべてのウェブページの登録は不可能であり，これへの登録数は，後述するロボット型より少なくなるなどの欠点があります。現在はロボット型の「Yahoo!」ですが，サービスをはじめた頃の「Yahoo!」は，このディレクトリ型の代表的なサーチエンジンでした。

（2）ロボット型

　ディレクトリ型のような人手による収集には限界があったので，ウェブページを自動的に収集して検索できるようにした**ロボット型サーチエンジン**が開発されました。

　この型のサーチエンジンでは，人ではなくロボットと呼ばれるソフトウェアによってウェブページが網羅的に収集され，膨大な数のウェブページの全文がデータベース化されます。とりあえず思いついたキーワードで，このデータベースを検索することによって，何がしかの結果が得られます。この手軽さが評価され，今やロボット型がサーチエンジンの主流となっています。

　しかしながら，膨大な数のウェブページの全文から検索するので，簡単なキーワードであれば何千件，何万件とヒットしてしまいます。さらに，この中にはノイズと言われる不要なページが多く含まれるなどの欠点もあります。ですからロボット型のサーチエンジンでは，これらの欠点に対処するために，適合度順出力[2]などの工夫が施されています。この型の代表的なサーチエンジンとしては「Google」があります。

（3）メタ型

　メタ型とは，一度のキーワード入力で複数のサーチエンジンに検索を行わせることができるサーチエンジンのことです。

　入力されたキーワードを，同時に複数のサーチエンジンに転送し，その検索結果をまとめて表示することができるので，**一括検索**，**横断検索**，**串刺し検索**ができるサーチエンジ

2　適合度順出力については，本章3節4項を参照してください。

ンとも呼ばれます。

　なお，一度に検索させて結果をまとめて出力するのではなくて，複数のサーチエンジンに順番にキーワードを送信し，個々のサーチエンジン毎に検索結果を出力させる，いわゆる**渡り検索**を行わせることができるメタ型サーチエンジンもあります。

3．ロボット型サーチエンジン

　ここでは，現在主流となったロボット型サーチエンジンの特徴であるページの自動収集，データベース化，検索，適合度順出力などについて，詳しく見て行きます。

（1）ウェブページの自動収集

　ロボット型サーチエンジンの一番の特徴は，ウェブページの**自動収集**にあります。この型のサーチエンジン内には，検索を担当するコンピュータと，**クローラ**と呼ばれるプログラムを実行するコンピュータと，ウェブページを記憶するデータベースがあります。なお，狭義には検索を担当するコンピュータをサーチエンジンとする考え方もありますが，本書では，検索を担当するコンピュータ，クローラのプログラムを実行するコンピュータ，データベースからなる検索システム全体を，サーチエンジンと考えます。

図・表5-1　HTMLとリンク：ウェブページの収集

　サーチエンジン内のコンピュータがクローラのプログラムを実行すると，これがインターネットのウェブページを次々に巡回し，ページ内容をコピーし，データベースに蓄積していきます。しかし，ウェブページを巡回するためには，URLがわからねばなりません。そこで，クローラはウェブの特徴であるHTMLを最大限に利用して巡回を行うのです。

　クローラは最初に，よく知られており重要で，リンクがよく張られているウェブページにアクセスして，そのページをコピーし，サーチエンジン内のデータベースに蓄積します。次に，蓄積したページからリンクが張られているURLを抽出して，そのURLのページにアクセスし，これをコピーして，サーチエンジン内のデータベースに蓄積します。クローラはこのような作業を繰り返し，あたかも親から子へ，兄弟へ，さらにその子である孫や孫の兄弟といったように，縦横にウェブを渡り歩きながらウェブページを収集していきます（前ページの図・表5-1参照）。まさに，人手でウェブページの画面を見て，リンクの張られている部分をクリックして，リンク先のページを見るという動作と同じことを，営々として繰り返してページを収集しているのです。

a．ウェブページの誕生・更新・削除

　刻々と新しいウェブページが誕生しています。頻繁に更新もされますし，時には削除されるページもあります。最新の状態でデータベース化するためには，常にウェブページを再収集して，チェックする必要があります。しかし，それは事実上不可能です。妥協案として，クローラはウェブページを再収集する時間間隔を，ページによって変更しています。

　例えばウェブページを，

　　　①ニュース，新聞社などのページ，

　　　②人気のあるページ，リンクがよく張られているページ，

　　　③そのほかのページ，

に区別して，その再収集間隔を「①＜②＜③」とし，①を一番再収集間隔を短くして，頻繁に収集する手法があげられます。

b．リンクされていないウェブページ

　クローラは，リンクをたどって巡回するわけですから，外部からまったくリンクが張られていないウェブページにはたどり着くことができません。ですから，図・表5-1の中の「**島ページ群**」と言われるウェブページは収集されないのです。その上，収集されないので当然のことですが，島ページ群がどれぐらいあるのかもわかりません。このように，そもそもサーチエンジンに収集されないウェブページもあるのです。

c．深層ウェブ

　ウェブには**表層ウェブ**と**深層ウェブ**があります。表層ウェブとは，URLを入力したり，

リンクをたどってアクセスできるウェブページのことです。深層ウェブとは，固定された
内容のページではなくて，アクセスした人の入力に応じて，動的に作成されるウェブペー
ジなどのことです。具体例をあげると，ウェブ内に人名リストがデータベース化されてお
り，人名を入れるとこれが検索されて，その人物情報が書かれたページが自動的に作成さ
れる場合，このようなサイトのページが深層ウェブのページといえます。クローラは，ど
のような人物がデータベース化されているのかわかりませんので，人名を自動的に入力し
て，人物情報を引き出すといったことはできません。したがって，クローラはこのサイト
から，人物情報のページを自動的に収集することはできません。なお，深層ウェブのペー
ジ数は，表層ウェブのページ数の数百倍に上ると考えられています。

　a，b，cで記したように，クローラによる自動収集といえども，すべてのウェブペー
ジを収集できるわけではありません。否，すべてどころか，深層ウェブがウェブの世界の
大半を占めることを考えると，クローラはウェブの世界のページの一部しか収集できない
といえます。なお，サーチエンジンによってウェブページの収集方針や戦略が異なります
ので，これの収集範囲にずれが生じます（図・表5-2参照）。

図・表5-2　サーチエンジンの収集範囲のずれ

すべてのウェブページ

サーチエンジンBが
収集したページ

サーチエンジンAが
収集したページ

（2）索引ファイルの作成

　既述のように，収集されたページはデータベース化されますが，これをキーワードなど
で直接検索するのでは，記憶されている全ページの文字を最初から最後まで，キーワード
に一致するか否かのチェックすることになるので，コンピュータといえどもとても時間が
かります。そこで，あらかじめページの中の文字列を「単語」単位で切出して**索引ファイ
ル**[3]を作成し，その索引を検索するだけで，キーワードがどのページにあるかを短時間に
見つけ出せるようにしておきます。索引ファイルでは，以下のように，キーワードとなる

3　索引ファイルの詳細については第10章2節2項を参照してください。

単語（ここでは「原子力」）と，その単語を含むページのURLとが関係付けられています。

　サーチエンジンは，「原子力」の検索結果として，この関係付けられているウェブページのURLを表示すればよいのです[4]。

（3）商用データベースの検索とサーチエンジンの検索

ａ．商用データベースでの情報検索

　まだインターネットがない1960年代に，コンピュータを使った有料の商用データベースサービスが始まりました。当初，利用者はコンピュータに接続された端末機を操作して，検索を行っていました。その後，電話回線を使って端末機をコンピュータに接続することで，遠方からも検索できるようになり，現在はインターネットを利用して，パソコンから検索できるようになりました。主に企業，研究機関，大学などが契約して利用しています。データベースが提供する情報としては，当初は化学文献，特許公報の情報でしたが，その後，化学以外の学術文献，新聞・雑誌などの情報を提供するサービスが次々に開始され，現在にいたっています。これらの商用データベースは，以下のような特徴等を持っています。

　①本，雑誌，新聞などの印刷体の情報を対象としています。印刷媒体はある程度信用
　　できる情報源といえ，いつでも原本のコピーを取り，内容を確認できます。

　②データベース化にあたっては，データベース作成機関が責任を持って書誌情報[5]を
　　作成し，さらに抄録[6]作成やキーワードの抽出，キーワードの用語の統一なども行
　　っています。このことが付加価値となって，有料であっても今も利用されています。

　③初期のデータベースは利用法が複雑で，これを使いこなすためには専門知識が必要
　　でした。そのため，一般に**サーチャー**と呼ばれる情報検索の専門家が，情報を求め
　　る人に代わって検索を行っていました（最近はデータベースの利用が容易になり，
　　情報を求める人が自ら検索を行うようになってきました）。サーチャーは，複数の

4　ただし，実際のサーチエンジンでは，通常URLのほかに，ウェブページのタイトルやキーワードの現れる
　文脈も一緒に示されます。
5　原資料を見なくてもその概要がわかるよう，必要な情報を記録したもの。図書の場合は書名，著者名，出
　版者，出版年，ページ数などが，雑誌記事や論文の場合はタイトル，著者名，掲載雑誌名，巻号，掲載ペー
　ジなどが，それぞれ記録されています。
6　書誌情報が対象とする文献の内容の概略を記したものです。

検索項目（論文名・著者名・著者所属機関……）を組み合わせて検索を行ったり，抄録の検索では，幾つかのキーワードを論理演算子（AND, OR, NOTなど）[7]で結合して検索を行います。検索結果が何千件となったときは，キーワードなどをさらに付加して，最終的には数十件から百件ぐらいに絞り込みます。次に，絞り込まれた全件の書誌情報や抄録などを読んで，適合する情報であるか否かを判断します。

b．サーチエンジンでの情報検索

ウェブページの検索では，論文名・著者名・著者所属機関などの項目を指定して検索することはできません。ページ内の単語を検索することしかできません。また，ウェブページの内容はあまりにも多岐にわたり，無秩序であり，とても標準化することはできません。これらの点は，上述のデータベース検索と大きく異なります。

検索者のほとんどは情報検索の専門家ではない（つまり素人な）ので，思いついたキーワードを1語か2語ほど入力して，検索ボタンをクリックするだけです。当然，1語か2語のキーワードでは，何千件，何万件とヒットしてしまいます。検索者がキーワードをさらに追加して，絞り込み検索を行うこともできますが，検索の素人にそれを期待するのは無理でしょう。なお，サーチエンジンには，上級者向けに論理演算子が使える検索モードも用意されていますが，このモードを利用する検索者はほんの一握りです。ほとんどの検索者は，「参考になる情報（ページ）が1件でも見つかればよい」といった程度で検索を行います。

c．サーチエンジン側での工夫

上述の検索者のニーズに対応するために，サーチエンジン側は検索結果の出力（表示）の仕方を工夫しました。従来のデータベースの検索結果の出力といえば，何がしかの条件でこれを並び替えて出力するのが一般的でした。例えば，情報の新しい順，古い順，タイトルの「あいうえお順」などでした。すべて機械的に**並び替え**ができるものでした。新しくサーチエンジン側が考えたのは，サーチエンジンが検索した各ページが，検索者のニーズに近いか遠いか，すなわち，適合度を自動的に判断して，適合度の高い順に並び替えて出力することでした。そうすると，検索者は出力の上位何件かを閲覧すれば事足りることになります。このように，適合度が高いと判断されたページ順の出力は**適合度順出力（ランキング出力）**と呼ばれており，これによってロボット型サーチエンジンの利用が飛躍的に増加しました。現在では，ほとんどのサーチエンジンが適合度順出力を行っており，それがあたり前となっています。

7　論理演算子については，第10章3節1項を参照してください。

（4）適合度順出力の方法

　初期のロボット型サーチエンジンでは，入力されたキーワードがページ内に何回出てくるかを数えて，回数の多いページを適合度が高いページと判断して，上位に出力していました。しかし，同じキーワードが多いから適合度が高いという保証は得られませんでした。さらに，このアルゴリズムがばれてしまうと，自分のウェブページを上位に表示させるために，意図的に同じキーワードを多く入れたり，単にキーワードだけをむやみに羅列するだけのページを作成する者が現れました。サーチエンジンは機械的に判断しますから，簡単に騙されてしまうのです。

　また，ほかのアルゴリズムも考え出されました。サーチエンジン内に類語辞書を設け，入力されたキーワードとその類語も含めて検索する方法でした。多くの類語までがそのページに入っていると適合度が高いと判断するというアルゴリズムでした。しかし，このアルゴリズムもばれてしまうと，類語を意図的に多く入れたページを作成する者が現れ，適合度の判断に使えなくなりました。

　そこでGoogleは，ウェブページ作成者が意図的にコントロールできない指標で適合度順位，すなわちランキングを決めるアルゴリズムを採用しました。それは，最もインターネットらしい方法でした。ウェブページ作成に必須のHTMLのリンク機能に注目したのです。すなわち，ほかのウェブページからリンクされている数を，適合度の判断基準にしたのです。

　ページ内の文章には，参照したほうがよい，参照して欲しいほかのウェブページへのリンクが張られています。それは，自分で説明するより，リンク先のページを見てもらったほうがよいからです。例えば，図・表5-3に示すように，BさんのウェブページからAさんのウェブページにリンクが張られているとします。これは，Aさんのウェブページは役に立つページであると，Bさんが認めていることを意味します。Aさんが，自分のページで「私のページは役に立ちますよ。」と書いても，なかなか信じてもらえません。客観性がないからです。しかし，Bさんのウェブページからリンクが張られ，さらにCさんやDさんからもリンクが張られていれば，このページは第三者から評価され，有用性や信頼性は高いと考えられるでしょう。ですから，Googleはリンクが張られている数が多いページほど，**ランキング**の上位にもってくるようにしたのです。つまりGoogleは，適合度が高いとは，単に検索者のニーズに合っているのみならず，当該ページの有用性や信頼度も高いことであると考えたのです。なお，このような考え方に基づくウェブページのランク付け方法は**ページランク**と呼ばれています。

　リンク数を指標にしてランキングを行うアルゴリズムは，現在最も合理的なアルゴリズムとして支持されています。

図・表5-3　被リンク数のカウント

ウェブの世界

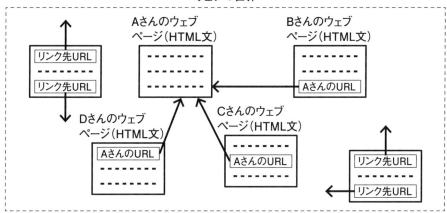

　しかし実際問題，リンクされている数をどのようにして数えるのでしょうか。Aさんの
ウェブページが誰のウェブページからリンクされているのかは，Aさん自身はわかりませ
ん。図・表5-3に示すように，Bさんのウェブページでは，Aさんのウェブページにリ
ンクするHTML文（HTMLデータ，HTMLファイル）を作成していますから，Bさんの
ページにアクセスして，そのHTML文を解析すればわかります。同様に，CさんやDさ
んのウェブページのHTML文を解析すれば，Aさんのページにリンクが張られているこ
とがわかります。そうすると，Aさんのウェブページにリンクされている数を正確に数え
るには，全世界のウェブページすべてにアクセスして，HTML文を収集して解析し，A
さんのウェブページにリンクしているページを抽出して数えるしか方法がありません。さ
らに，大抵のウェブページは他人のウェブページに複数のリンクを張っていますから，誰
が誰のウェブページにリンクしているかという解析とその記録は，全世界のウェブページ
の総数よりも多いかもしれません。このようなリンクのカウントは可能なのでしょうか。
　これは，前述のクローラがページを収集したときにリンク関係をも解析して，リンク情
報とそのリンク数を記録することでなされています。これは途方もない繰り返し作業とな
りますが，コンピュータが最も得意とするところです。電源を入れておけば，コンピュー
タは24時間365日黙々と作業を続けてくれるからです。
　なお，ランキングを決定するファクターとして，リンク数は一番重要な指標ですが，こ
のリンク数に加えてキーワードの出現位置，ページ更新日時，参照履歴，リンク構造など
も加味して[8]，サーチエンジンは総合的に適合度を判定しています。

8　例えば，キーワードがタイトル中に出現する場合と本文中に出現する場合では，タイトル中に出現する方
　が，そのキーワードに関する内容がより含まれているページであると判断される可能性があります。また，
　ページの更新が頻繁に行われていると，有用なページであると判断される可能性があり，ページ内のリン
　ク切れが多いと，ページの品質に問題があると判断される可能性があります。

　これらのファクターをどう組み合わせて，また，どのファクターを優先して判断するかは，サーチエンジン毎に異なります。したがって，同じキーワードを入力しても，検索結果のランキングは異なる場合もあります。検索者は，必要に応じて複数のサーチエンジンを使い分けることも重要です。

4．ウェブにおける新しい情報アクセス技術

（1）セマンティックウェブとRDF

　サーチエンジンには上記のような工夫がなされているのですが，それでもノイズが多数発生します。そこで，ノイズなく必要な情報だけを見つけるための新しい情報アクセス技術が提案されました。具体的には，ウェブページの内容をコンピュータが認識できる形式で記述しておくことによって，コンピュータがあたかもウェブページの内容を理解し，判断できるようにする仕組みが考え出されました。この仕組みで構築されたウェブを，**セマンティックウェブ**と呼びます。ここでは，この仕組みに必要な技術について見ていきます。
　セマンティックウェブを実現するためには，まずウェブページの内容を整理して，**メタデータ**[9]を作成します。このメタデータを，XMLを用いて作成しておけば，コンピュータが機械的に読み込むことができます。例えばウェブでこの本の広告が出されていれば，そのウェブページには当然「図書館と情報技術」「田窪　直規」「2,200円」などの情報がありますから，XMLでメタデータを記述すると次のようになります。

　　〈商品〉
　　　〈書名〉図書館と情報技術 〈/書名〉
　　　〈編者〉田窪　直規 〈/編者〉
　　　〈値段〉2,200円 〈/値段〉
　　　〈販売店〉ネットストアABC書店 〈/販売店〉
　　〈/商品〉

　この記述であれば，「図書館と情報技術」の前に〈書名〉というタグがついていますから，コンピュータは「図書館と情報技術」が書名であることを認識できます。同様に，「田窪　直規」が編者であることも認識できます。しかし，これでは「図書館と情報技術」の

9　データ（情報）が何を意味するのかを示すデータ（情報）のことです。これはデータについてのデータといえますので，何々についてという意味の「メタ」という言葉をデータという言葉に付けて，メタデータと呼ばれます。

編者が「田窪　直規」であることは認識できません。なぜなら，〈書名〉と〈編者〉との関係がどこにも記述されていないからです。そこで，タグとタグとの関係が認識できる構文として**RDF**（Resource Description Framework）が考案されました。なお，RDFは上記のXMLなど用いて記述されます。RDFを利用すれば，タグ間の関係を記述することができるのみならず，ほかのウェブページとの関係を，そのURLを用いて記述することもできます。上記の記述例をRDFに基づいて図示すると，図・表5-4のようになります。

　この図では，関係するものを矢印でつなぎ，その矢印の上に関係を示す語彙を書いています。RDFの基本文型は「主語＋述語＋目的語」で構成され，これをトリプルと呼びます。矢印の始点が主語であり，終点が目的語であり，矢印の上の関係を示す語彙が述語となります。RDFに基づいて（つまりこの図に基づいて）記述しておけば，コンピュータは「ISBN[10]が978-4-88367-374-2であるこの本の書名が図書館と情報技術であり，その編者が田窪　直規であり，その値段が2,200円であり，ウェブページのhttp://www.……/で販売されている」と認識することができます。コンピュータがここまで認識してくれると，ノイズなく適正なウェブページのみを検索できる可能性が高くなります。

　次に，図・表5-4をXMLを用いてRDFで表現すると，次ページの図・表5-5のようになります。

　③ではISBNが978-4-88367-374-2の本が主語であることを示しています。RDFでは，主語はそれに一対一に対応するID番号，IDコード，メールアドレス，URLなどのグロー

図・表5-4　RDFの図示例

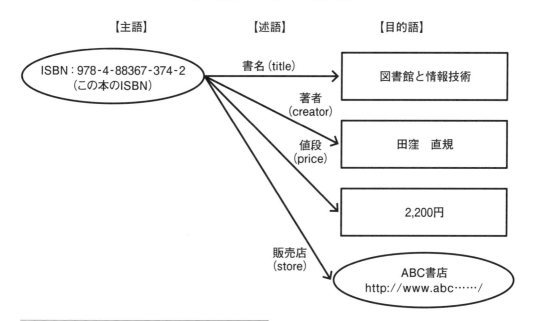

10　ISBNとは，「International Standard Book Number（国際標準図書番号）」のことで，書籍を世界共通で識別するためのID番号です。

図・表5-5　RDF文の例

```
<?xml version="1.0"?>
  <rdf:RDF
    xmlns:rdf="http://www.w3.org/1999/02/22-rdf-syntax-ns#"
    xmlns:dc="http://purl.org/dc/elements/1.1/"                    ①
    xmlns:xterms="http:// ……… /xterms/terms/">                    ②
    <rdf:Description rdf:about="urn:isbn:978-4-88367-374-2">        ③
      <dc:title>図書館と情報技術</dc:title>                          ④
      <dc:creator>田窪　直規</dc:creator>                           ⑤
      <xterms:price>2,200円</xterms:price>                         ⑥
      <xterms:store>                                               ⑦
        <rdf:Description  rdf:about="http://www.abc……/">          ⑧
        </rdf:Description>                                         ⑨
      </xterms:store>                                              ⑩
    </rdf:Description>
  </rdf:RDF>
```

バルな識別子（全世界レベルで識別できる識別子）を使用します。図書であれば識別子としてはISBNを使用できるので，この図書のISBNを主語としています。

　④では，③で記述した主語に対応する目的語が「図書館と情報技術」であり，さらに主語と「図書館と情報技術」との関係を表す述語が「title」であることを示しています。また，「title」の頭に付いている「dc:」は，「title」が**ダブリンコア（Dublin Core）**[11]で定められている語彙であることを示しています。ダブリンコアでは，メタデータ作成時に必要な15個の語彙を，基本語彙として定めています。その中で，書名を意味する語彙としては「title」があるので，それをこの文では使用しています。

　ダブリンコアの語彙を使用する場合は，あらかじめ①のように記述しておきます。このように記述しておくと，語彙の頭に「dc:」を付けることで，その語彙は「http://purl.org/dc/elements/1.1/」のウェブページにあることが示されます。「http://purl.org/dc/elements/1.1/」では，ダブリンコアで定められた各語彙の意味を定義して公開しています。

　⑤では,③で記述した主語に対応する目的語が「田窪　直規」であり,さらに主語と「田窪　直規」との関係を表す述語が「creator」であることを示しています。また,「creator」はダブリンコアの語彙にありますから，その頭に「dc:」を付しておきます。

11　メタデータに記録する内容や書き方を定めた国際標準仕様です。

⑥では，③で記述した主語に対応する目的語が「2,200円」であり，さらに主語との関係を表す述語が「price」であることを示しています。ここでは「price」の頭に「xterms:」が付いています。ダブリンコアには「price」という語彙はありませんので，「dc:」を付けることはできません。このようなときは，「price」を含む既存の語彙集をさがして，それを使用します。しかし，適当な語彙集がないときは，新たに語彙集「xterms」を作成して，ウェブページで公開しておけばよいのです。ただし，値段にはprice，valueなど複数の表現がありますから，例えば，priceに統一しその意味を定義して，公開しておく必要があります。したがって，②で「xterms」なる語彙集が「http:// ……… /xterms/terms/」にあることを記述しておいてから，⑥で「xterms:price」を使用します。

　⑦，⑧，⑨，⑩では，③で記述した主語に対応する目的語が「http://www.abc……/」であり，さらに，主語との関係を表す述語が「store」であることを示しています。ABC書店で販売しているのですから，⑧では目的語として直接「ABC書店」と記述してもよいです。しかしRDFでは，目的語にあたるものにグローバルな識別子がある場合には，それを使用します。当然ABC書店では，自らのウェブページを持っているでしょうから，そのページのURLをこの書店の識別子とすることができます。したがって，ここではABC書店のURLを，目的語として記述しています。

　このような，RDFによる文を作成しておけば，コンピュータが機械的に読み込んで，内容を認識できる世界を構築できます。しかしそのためには，ウェブページ作成者はウェブページを作成すると共に，メタデータとRDFも作成しなければなりません。手間がかかりますからまだ一般的ではありませんが，特定の分野では実現しています。例えば，国立国会図書館が提供している「国立国会図書館典拠データ検索・提供サービス（Web NDL Authorities）」では，ウェブページで典拠データ[12]を表示すると共に，その典拠データをRDFで記述し公開しています。

（2）LOD

　RDFに基づけば，データとデータがどのような意味でリンク付けられているかがわかります。79ページの図・表5－4をもう一度見てください。これをみると，RDFの主語は，目的語と述語となるものの意味でリンク付けられている（矢印で結ばれている）と解釈できます。単にリンクが張られているのではなく，その意味がわかるので，このようなリンクは**セマンティックリンク**（意味的リンク）と呼ばれます（これに対して，通常のウェブ

12　資料にかかわる人物や団体，書名などの名称の形を管理するためのデータのことです。同じ人物や団体，著作であっても複数の表記方法がある場合（例えば，「森鷗外」と「森林太郎」，「アラビアンナイト」と「千一夜物語」など）はそれらを一つにまとめ，反対に，同じ名称であっても異なるものを指す場合（同姓同名など）は，それぞれ区別できるように，識別のための情報（生没年など）を付加して記録されています。

のHTMLによるリンクでは，実際にリンク先に飛んでみないと，どのような意味でリンクが張られているのかわかりません）。上で，RDFによってセマンティックウェブが実現することを記しましたが，実は，セマンティックリンクによってセマンティックウェブが実現しているという解釈も可能なのです。

　例えば，上記の国立国会図書館のRDFで公開されているデータには，図・表5-6のような関係のデータがあります。これを見るに，図・表5-4と同じ構造でデータどうしが関係付けられていることがわかります。

　現在，膨大な量のデータが，RDFに基づくリンク（セマンティックリンク）によって関係付けられて，ウェブにあげられつつあります。あげられたデータは，ウェブ上でさらにほかのデータとさまざまにリンク付けられます。なお，このようなウェブは**データのウェブ**[13]と呼ばれています。

　ウェブはオープンな場ですので，このようなウェブのデータはリンク付けられたオープンなデータという意味で，**LOD**（Linked Open Data）と呼ばれています（特にオープンを意識しない場合は，**LD**（Linked Data）と呼ばれています）。LODは意味のわかる形でデータがリンク付けられているので，コンピュータによる利用が容易だといわれており，さまざまな活用法が提案されつつあります。

　図書館の世界は，書誌データや典拠データといった質のよいLODを提供することで，データのウェブに貢献できますし，このようなデータが図書館の世界以外のデータとリンク付けられることで，逆に，リンクによって豊かになった書誌データや典拠データを活用することもできます。

図・表5-6　データの関係の図示例

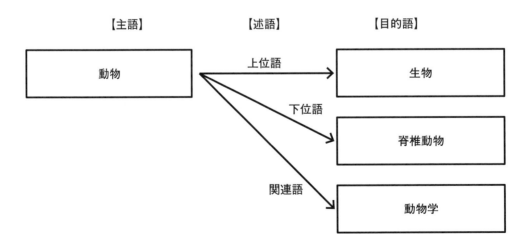

13　これに対して，私たちが日常閲覧しているウェブは**文書のウェブ**と呼ばれています。

第6章 | コンピュータシステムの
管理とセキュリティ

1．オペレーティングシステムとシステム管理

（1）オペレーティングシステム

　第1章で述べたように，コンピュータには**OS**が必須ですが，これはコンピュータを自動的にコントロールしてくれる基本ソフトウェアです。利用者が使いやすく，効率よく仕事ができるように，OSは図・表6-1に示す機能を果たしています。

図・表6-1　オペレーティングシステムの機能

```
OSの機能
┌─────────────────┐
│ プロセス管理     │
├─────────────────┤
│ メモリ管理       │
├─────────────────┤
│ ファイル管理     │
├─────────────────┤
│ 入出力管理       │
├─────────────────┤
│ システム管理     │
└─────────────────┘
```

ａ．プロセス管理

　コンピュータは，まったく同時に複数の仕事をすることはできません。しかし，コンピュータはあたかも複数の仕事を同時にこなしているかのように動きます。そのため，例えばインターネットのウェブ辞書を見ながら，ワープロソフトで書類を作成するということができます。このとき，OSは複数の仕事をきわめて短い時間に区切り，利用者にはわからないように仕事を高速に切替えているのです。このような，コンピュータが行う仕事を**プロセス**といいます。このプロセスの実行順序の決定，各プロセスの切替え，実行／中断などのさまざまな制御を行うのが**プロセス**管理です。

b．メモリ管理

　コンピュータは，メインメモリ（主記憶装置）を内蔵しています。上記のプロセスを実行するためには，ハードディスクなどの補助記憶装置から必要なプログラムやデータを読み出して，メインメモリに記憶させなければなりません。しかし，メインメモリの容量は，多くても数十GB程度しかありません。したがって，まずメインメモリにプログラムを記憶し，残った領域にデータを記憶してプログラムで処理したり，新たなデータを記憶するときは，処理されたデータをハードディスクに戻すなどの，メモリの管理作業が必要になります。このような作業を**メモリ管理**といいます。

c．ファイル管理

　OSは，ハードディスクなどの補助記憶装置の空き領域のどの位置にどのようにファイルを記憶させるかなどの管理を行います。OSのこの機能を**ファイル管理**といいます。OSのこの機能によって，ワープロソフトなどで作成したファイルは，フォルダを指定するだけで，そのフォルダ内に保存されますし，ファイルを開くときも，目的のファイルが保存されているフォルダを開いて，当該ファイルを指定するだけで，これを開くことができます。

d．入出力管理

　コンピュータには，キーボード，マウス，ディスプレイ，プリンタなど多くの周辺装置が接続されます。各々の装置は，機能や制御方法が異なります。さらにプリンタといっても，A社製とB社製では制御方法が異なります。このようなハードウェアもしくはハードウェアの制御方法の違いに関係なく統一的に周辺装置を扱えるようにするのが，**入出力管理**です。

（2）システム管理

　上記のa～dは，OSにとって必須の機能です。さらに，大規模システムのOSやネットワークサーバ[1]などのOSには，システム全体を運用，保守，管理するために，次のような機能が必要になります。
　　①**メンテナンス機能**……ハードウェア，ソフトウェアを最良の状態に調整する機能。
　　②**ロギング機能**……システム全体の稼働状態を記録する機能。
　　③**自己診断機能**……システム障害，例えばハードディスクにトラブルが発生したことを検出して警告を出す機能。

1　ネットワークを管理するコンピュータシステムのことです。

④バックアップ機能……トラブルの復旧後に，以前の状態に回復させる機能。

⑤**カウンティング機能**……利用者がコンピュータを利用している時間，利用者が使用しているハードディスク領域などを記録し，集計する機能。

⑥**ユーザー管理機能**……利用者のIDやパスワードの新規登録・抹消の管理や，利用者毎に操作できる範囲を設定し実際の利用状況をチェックする機能。

２．悪意のあるソフトウェアなどによる脅威

コンピュータ上でさまざまなソフトウェアが使用できるようになり，仕事の効率やスピードが向上していく一方で，コンピュータに害を与えるようなソフトウェアも生まれてきました。このような悪意のあるソフトウェアのことを総称して**マルウェア**と呼んでいます。ここでは，コンピュータに対してさまざまな脅威を及ぼすソフトウェアについて見ていきます。

（1）コンピュータウイルス

一番よく知られているマルウェアが，**コンピュータウイルス**です。コンピュータにインストールされているソフトウェアに入り込み，複製を繰り返して増殖していくことが特徴です。この一連の動作が，あたかも病気の感染を引き起こすウイルスのようであることから，この名前が付けられました。アプリケーションソフトなどの実行ファイルに感染する**ファイル感染型**と，Excelなどのマクロ機能[2]を悪用して感染する**マクロ感染型**の２種類が存在します。

（2）ワーム

ワームはコンピュータウイルスと同様，自己増殖を繰り返していくタイプのプログラムですが，コンピュータウイルスと違って宿主（感染対象）を必要とせず，単独で存在することができます。その存在が虫（ワーム）に例えられて，このように呼ばれています。ネットワークを経由して，勝手にほかのコンピュータに侵入して感染していくため，危険度は高く，注意が必要です。

2　複数の操作などを自動的に実行させる機能のことです。

（3）トロイの木馬

　コンピュータウイルスやワームと違い，自己増殖をしないのが特徴です。これは，一見無害なプログラムやファイルを装ってコンピュータに侵入し，遠隔操作によってコンピュータを操作するというものです。自身は感染機能を持っていませんので，メールの添付ファイルなどに潜んで，ファイルが開かれることによって感染するパターンが多いです。古代ギリシアのトロイア戦争で使用された，内部に兵士を潜ませた巨大木馬にあやかってこの名前が付けられました。

（4）それ以外の脅威

①**スパイウェア**……スパイウェアはコンピュータに侵入し，利用者がどのようなウェブページを見ているのかといった情報や，利用者がキー入力したクレジットカードの番号やメールアドレスなどの個人情報を収集して，特定のアドレスに自動送信させる不正プログラムです。

②**フィッシング**……フィッシングとは，本物そっくりに作られた偽のウェブページにまちがって接続させ，クレジットカード番号や暗証番号などを入力させてその番号を盗み出すものです。

③**ポートスキャン**……ポートスキャンとは，インターネットを介してコンピュータに不正に侵入するために，不用意に開放されているポート[3]を調べるものです。空いているポートがわかれば，そのポートを侵入経路として利用することができますし，侵入してサーバーのOSやバージョンを確認することができれば，OSに依存する**脆弱性**（プログラムの不具合や設計上のミスなどが原因となって発生した欠陥のこと）を突いてサイバー攻撃を仕掛けてくる恐れがあります。

④**DoS（Denial of Services）攻撃**……DoS攻撃とは，多数の攻撃元がインターネットを経由して特定のサーバなどを標的に，大量の不正なデータを一斉に送ることにより，サーバなどの機能をダウンさせるものです。

3．パソコンにおけるコンピュータウイルスなどの防御法

　最も身近なコンピュータとしてはパソコンがあります。ここでは，このパソコン内のプ

3　ポートとは，コンピュータが通信を行う際に使用する出入口です。複数設けられており，ポート毎に開放／閉鎖を設定することができます。

ログラムやデータをコンピュータウイルスなどからどのようにして守るのかを見て行きます。

（1）何をどのようにして守るのか

　パソコンもコンピュータの一種ですから，ハードウェアとソフトウェアから構成されています。その関係を図示すると，図・表6-2のようになります。

図・表6-2　ハードウェアとソフトウェア

アプリケーションソフト	（Word，Excel……）
OS	（Windows 10，11 ……）
BIOS　　　　ドライバ	（ハードウェアを直接制御するソフト）
ハードウェア	（パソコン本体，キーボード，ディスプレイ……）

　アプリケーションソフト，OS，BIOS（Basic Input/Output System）[4]，ドライバーソフト[5]，これらはすべてソフトウェアであり，プログラムで構成されていますから，コンピュータウイルスの標的となります。ですから，これらのソフトウェアがウイルスに感染しないように，対策を行う必要があります。

（2）コンピュータウイルス対策

　パソコンのウイルス対策としては，次の三点が重要です。
　　a．ソフトウェアの**アップデート**
　　b．**ウイルス対策ソフト**（ウイルスチェッカー）の導入
　　c．**ファイアウォール**の設置

a．ソフトウェアの更新

　残念ながら，完璧なソフトウェアはなく，これには常に弱点となる穴（**セキュリティホール**）があり，これを狙ってウイルスなどが攻撃を仕掛けます。ソフトウェアの穴をふさ

4　パソコンに接続されているキーボード，マウス，CPU，メモリなどハードウェアの管理と制御を行うソフトウェアのことです。
5　さまざまな周辺機器を，コンピュータに接続して利用できるようにするためのソフトウェアのことです。コンピュータに新しい機器を接続する場合，その機器を認識させるためにドライバーソフトが必要となります。

ぐには，ソフトウェアを常に更新（アップデート）して，最新の状態にしておくことが重要です。特に，OSの穴は破られたときの影響が大きいので，常に更新して不具合を修復しておく必要があります。インターネットに接続されている場合は，OSに自動更新機能が組み込まれているのが一般的です[6]。

ｂ．ウイルス対策ソフトの導入

　コンピュータウイルスなどがパソコンに入り込まないように，入口で排除することも重要です。この入口で排除してくれるのがウイルス対策ソフトです。しかし，対策ソフトも正しく使用しないと効果がありません。次のような注意が必要です。

①コンピュータウイルスなどは，いつ侵入するかわかりません。対策ソフトを常に立ち上げて(動作させて)，常時ウイルスを検出できる状態にしておかねばなりません。

②新しいウイルスが次々と生まれています。新しいウイルスが発見され次第，対策ソフトの作成会社は対策に必要な「**ウイルス定義ファイル**」を作成します。ですから，対策ソフトを常に更新して，最新の定義ファイルを入手せねばなりません。

③ウイルスは，USBメモリ，CD，DVDなどのメディアからも侵入します。メディアのファイルを開く前，コピーする前に，対策ソフトでスキャンしてウイルスが潜んでいないかチェックしておかねばなりません。

④すでにパソコンにウイルスが侵入してしまった後に，ウイルスが発見される場合もあります。ですから，定期的にハードディスクの全ドライブをウイルス対策ソフトでスキャンして，ウイルスの有無を確認しておかねばなりません。

ｃ．ファイアウォールの設置

　パソコンがインターネットに接続されている場合には，パソコンとインターネットとの間にファイアウォール[7]を設置して，ウイルスが入り込まないようにしておきます。

4．情報システムのセキュリティ

　前節ではパソコンのウイルス対策を取り上げましたが，ここでは情報システムの**セキュリティ**全般について考えます。特に，高度な情報システムにおけるセキュリティに注目します。

6　例えば，Windowsには「Windows Update」という機能があり，OSが最新の状態になっているかどうか，チェックすることが可能になっています。
7　ファイアウォールについては，本章5節2項aを参照してください。

（1）セキュリティとは何か

　セキュリティとは，安全・安心を意味する言葉です。情報システムのセキュリティという場合は，情報やコンピュータを脅威から守り，安全・安心を確保することを指します。
　脅威は上記のコンピュータウイルスなどだけではありません。これには，地震，津波，落雷，洪水などの自然災害や，停電，コンピュータの故障，通信のトラブルなどもあります。さらに，プログラムの不備やオペレータの操作ミスなど人為的なものもあります。
　脅威によるトラブルの大きさは，セキュリティがどれだけ確保されているかによって左右されます。セキュリティが十分に確保されていないと，脅威によるトラブルが拡大されますので，しっかりとした対策を取る必要があります。

（2）セキュリティを確保するための方策

　セキュリティを確保するためには，**情報セキュリティマネジメント**を実施しなければなりません。このマネジメントでは，次の三つが重要とされます。

ａ．機密性（Confidentiality）

　情報を不当に見られるのを防止することです。このためには，特定の情報には許可された者だけがアクセスできる仕組みを作らねばなりません。この仕組みの具体例としては，**パスワード認証**（後述），**アクセス制御**（後述），コンピュータ室への**入退出管理**などがあります。

ｂ．完全性（Integrity）

　情報が不当に破壊・改竄（かいざん）されるのを防止することです。このためには，情報や情報処理の方法が正確で完全である仕組みを作らねばなりません。この仕組みの具体例としては，**電子署名**[8]などがあります。

ｃ．可用性（Availability）

　情報を継続的に安定して利用できる仕組みを作ることです。そのためには，情報やコンピュータが壊れても大丈夫な仕組みを作らねばなりません。この仕組みの具体例としては，

8　紙文書におけるサインや印鑑に相当するものです。認証局と呼ばれる第三者機関から発行された「電子証明書」と，電子証明書が付与された時刻が記された「タイムスタンプ」から構成されており，これらによってその文書が間違いなく署名した本人が作成したものであり，偽装や改竄がされていないことを確認することが可能となっています。

コンピュータシステムやハードディスクの二重化[9]などがあります。

　これらa，b，cは，情報セキュリティを確保する上で重要な要素であり，その英語の頭文字から「**情報のCIA**」と呼ばれています。

（3）情報セキュリティとリスク

　できるかぎりリスクをなくすために，「情報のCIA」対策を行うことが重要です。しかし，完璧を期して対策を行うと，膨大な費用がかかります。また完璧を追求し過ぎると，システムの使い勝手や効率が悪くなります。したがって，対策の効果と費用や使い勝手とのバランスを取ることが大切です。どのようにバランスを取るか，その判断の元となる指標がリスクの量となります。

$$リスクの量　=　頻度　\times　影響度$$

　リスクの量は，**頻度**と**影響度**との積となります。頻度とは，脅威が起こる頻度であり，事故の発生確率ともいえます。影響度とは，脅威により引き起こされる事故の大きさともいえます。事故による直接の被害額はもちろんのこと，事故を修復したり信用回復に要する費用なども含まれます。リスクは頻度，影響度の積ですから，両者が共に小さいときはリスクの量も小さいですが，共に大きくなるとリスクの量は極端に大きくなります。

５．情報システムにおけるセキュリティ技術

　情報システムは，コンピュータウイルスや不正使用などの，さまざまな脅威にさらされています。ウイルスにはウイルス対策ソフトによる対策も必要ですが，そもそも誰もが自由にシステムにアクセスできるのでは，あまりに無防備です。やはり，適正な許可された利用者のみがコンピュータを利用でき，情報にアクセスできるように管理しなければなりません。この**アクセス管理技術**には，**ユーザー認証技術**と**アクセス制御技術**があります。ここで述べたことは，上記の「情報のCIA」のうちのCに関するものです。ここでは，CIAのCに注目することにします。

9　同じ機能を持つ機器を二つ用意して，そのうちの1台に障害が発生したとしても，もう1台の機器を使用することによって，業務に支障をきたさないようにする仕組みです。

（1）ユーザー認証技術

　コンピュータを利用しようとする者が，システム利用を許可されている者か否か，また，本当にその者が本人かどうかを確認する必要があります。この確認技術をユーザー認証技術といいます。ユーザー認証技術は，次の三つに大別されます。

ａ．本人の記憶や本人だけが知っている知識を利用する

　例えば，本人の記憶を利用するものとしては**パスワード**があります。システムは，利用者がコンピュータにログインするときに，IDとパスワードを入力させることによって，許可された利用者であるか否かを判断しています。

ｂ．本人だけが所有している物を利用する

　例えば，カードがあります。カードには，磁気ストライプを持つ磁気カードや，ICチップが埋め込まれた**ICカード**があります。現在，多くの認証情報を記憶できて安全性が高いICカードのほうが広く利用されています。実際には，カードだけではなくパスワード（暗証番号）の入力と合わせて認証を行います。

ｃ．本人の身体的特徴を利用する

　例えば，**生体認証**がこれに相当します。よく利用される身体的特徴としては，目の虹彩，指の指紋や血管形状などがあります。このうち，手指の血管形状を利用した**静脈認証**が，銀行のATMの本人確認に使われています。

（2）アクセス制御技術

　アクセス制御技術には，インターネット経由の不正なアクセスからコンピュータや内部ネットワーク（組織内ネットワークや家庭内ネットワーク）を守るファイアウォールと，コンピュータ内のフォルダやファイルへのアクセスを制限するアクセス権設定があります。

ａ．ファイアウォール

　ネットワークへの攻撃やハッキング[10]といった不正アクセスを，内部ネットワークの入口やパソコンの入口などで遮断する仕組みです。ファイアウォールとは防火壁のことですが，これはまさに内部への飛び火を防ぐ防火壁の役目を担っています。ファイアウォー

10　本来はハードウェアやソフトウェアの解析や改造を行うことを意味しますが，ここでは他人が管理するコンピュータに侵入して悪用する行為という意味で使用しています。

図・表6-3 アクセス権の制限例

ルには，内部ネットワークの入口に専用装置として設置するタイプと，各々のパソコン内にファイアウォールソフトをインストールして対応するパーソナルファイアウォールの２種類があります。

ｂ．アクセス権の制御技術

　前述のユーザー認証で正規の利用者と確認できたなら，次にその利用者にどこまで情報を見せるかの管理を行う必要があります。企業であれば，社内秘密情報（ファイル）はトップシークレットであり，社長や役員しか見ることができないはずです。他方，社員全員が見てよい情報（ファイル）もあります。

６．暗号化技術

　インターネットを介して，情報が常にやり取りされています。その中には第三者には知られたくない情報，知られると悪用されかねない情報，例えばクレジットカードの番号などが含まれています。インターネット上の情報は，常に盗み見られる脅威を抱えています。ですから，万が一盗み見られても，内容がわからないように暗号化して送る技術が活用されています。そのほかにも，コンピュータの補助記憶装置（ハードディスクなど）や外部記憶装置（USBメモリなど）に記憶された情報なども，暗号化の対象となります。

（１）暗号化とは

　暗号化とは，情報を一定のルールで変換することによって，第三者が見てもわからないようにすることです。単純な例として，図・表6-4に示すように「HIMITU（ひみつ）」という文字列（情報）をアルファベット１文字後にシフトして「IJNJUV」と置き換えて，理解できない（意味の異なる）文字列に変換することが暗号化です。送信者は，暗号化さ

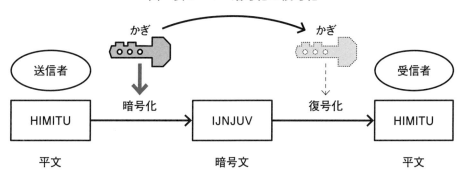

図・表6-4　暗号化と復号化

れた文字列, すなわち「**暗号文**」を, インターネット経由で受信者に送ります。受信者は,
暗号文をアルファベット1文字分前へシフトして, 「HIMITU」に戻します。このように,
元の文字列 (情報) に戻すことを, **復号化**といいます。暗号化前の文字列や復号化した文
字列を, 「**平文**」といいます。

　暗号化と復号化は, 一定のルールに従って行われます。この例では, 以下のルールが設
定されています。

> 暗号化のルール……アルファベットの1文字後へシフト
> 復号化のルール……アルファベットの1文字前へシフト

　このルールの核となる部分は「1文字シフト」であり, まさにこの情報が暗号を解く「**か
ぎ (鍵)**」となります。しかし, このような単純なものでは, 第三者に簡単に見破られて
しまいます。実際には, 難解な数学的アルゴリズムで暗号化され, さらに「かぎ」自体に
も54ビット, 64ビット, ……, 256ビットと, とても大きな桁数のデータが使用されま
す[11]。

（2）秘密かぎ暗号方式

　受信者に暗号文を解読してもらうためには, 送信者の暗号文を受信者に送ると共に, 暗
号を解くための「かぎ」を送る (知らせる) 必要があります。**秘密かぎ暗号方式 (共通か
ぎ暗号方式)** は, 暗号化用と復号化用との「かぎ」を, 共通の一つの「かぎ」で行う方式
です。当然送信者は, この「かぎ」を受信者に送らなければなりません。この「かぎ」は,
ある意味パスワードのようなものですから, 秘密にしなければなりません。したがって,
この「かぎ」を盗まれないようにして, 安全・確実に受信者に渡す必要があります。さらに,

11　例えば, 54ビットは2^{54} (2の54乗) ですので, 約1京8,000兆 (18,014,399,509,481,984) となります。

受け取った受信者も，この「かぎ」を秘密に管理しなければなりません。ですから，この「かぎ」は「**秘密かぎ**」とも呼ばれます。「秘密かぎ」は，取り扱いが面倒だという欠点があります。さらに，「秘密かぎ」を用いる方式は，一人が多くの人と情報のやり取りを行う場合には向かない方式です。何しろ多くの人にパスワードを知らせるようなものですから。

（3）公開かぎ暗号方式

　秘密かぎ暗号方式では，「かぎ」を秘密にして盗まれないように相手に送る必要があり，それが大変でした。そこで，秘密にしなくてもよい方式，すなわち公開して誰でもが見られる状態にしても問題のない方式が開発されました。それが，**公開かぎ暗号方式**と呼ばれる方式で，1976年にW.デフィーとM.E.ヘルマンによって考案されました。

図・表6-5　公開かぎ暗号方式

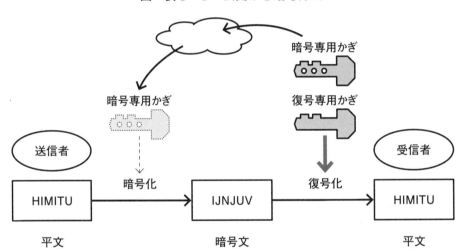

　基本的な考え方は，金庫とその鍵に例えるなら，金庫を施錠しかできない鍵と，解錠しかできない鍵との二つに分けるというものです。施錠専用鍵を持った人は，金庫に重要書類を入れて施錠することはできますが，いったん施錠してしまうと施錠専用鍵では金庫を開けることはできません。開けることができるのは，解錠専用鍵を持っている人だけとなります。

　公開かぎ暗号方式の特徴は，図・表6-5に示すように，受信者がペアとなる**暗号専用かぎ**と**復号専用かぎ**とを作成して用いることです。

> ・暗号専用かぎ……暗号化しかできない「かぎ」。
>
> 　　　　　　公開してもよい「公開かぎ」（施錠専用鍵）
>
> ・復号専用かぎ……復号化しかできない「かぎ」。
>
> 　　　　　　秘密にしなければならない「秘密かぎ」（解錠専用鍵）

　まず受信者は，作成した暗号専用かぎを送信者に送ります。この際，セキュリティをあまり気にせずに送ることができます。それどころか，自分のウェブページで公開してもよいのです。何しろ，この「かぎ」では，暗号を解読できないのですから。送信者は，受信者から送ってもらった暗号専用かぎか，または，受信者のウェブページから入手した暗号専用かぎを使って暗号文を作成して，受信者に送ります。暗号文を受け取った受信者は，元々自分が作って持っている復号専用かぎで復号化して，平文に戻します。もちろん，復号専用かぎを盗まれると解読されてしまいますが，この方式の場合，復号専用かぎは送信者に送らずに受信者の手元に置いたままですから，盗まれるリスクは格段に低く安全性が高いといえます。ただ，暗号化・復号化する処理時間が，秘密かぎ暗号方式より長くかかるという欠点があります。

（4）秘密かぎ・公開かぎ組み合わせ方式

　秘密かぎ暗号方式と公開かぎ暗号方式共に一長一短があります。秘密かぎ暗号方式は，暗号化・復号化処理は高速ですが，「秘密かぎ」を使用するので，その管理が大変です。他方公開かぎ暗号方式では，暗号専用かぎを「公開かぎ」として使用できて安全性は高いのですが，暗号化・復号化の処理時間が長くなります。そこで，両者の長所をうまく利用する方式が考え出されました。すなわち，秘密かぎ暗号方式での秘密かぎ（暗号化・復号化できる「かぎ」）をそのまま相手に送るのは危険なので，この秘密かぎを暗号化して相手に送る方式です。

　具体的には，送信者は受信者が公開している「公開かぎ」（暗号専用かぎ）を使って「秘密かぎ」（暗号文を復号化できるかぎ）を暗号化して受信者に送ります。受信者の方は，受信した「秘密かぎ」を元々自分で保管している復号専用かぎで復元します。受信者は，復元された「秘密かぎ」を使って暗号文の復号化を行います。この方式であれば，公開かぎ暗号方式で「秘密かぎ」を安全に相手に渡すことができると共に，暗号化・復号化は秘密かぎ暗号方式が使えるので高速に処理することができます。

7．セキュリティ対策のまとめ

最後に，この章で述べたセキュリティ対策の要点のみを以下に記します。

・ソフトウェア（OSやアプリケーションソフト）を常に更新しておく

・ウイルス対策ソフトを導入する

・アクセス制御して許可された者しかネットワーク，コンピュータ，データにアクセスできないようにする

・データ自身を暗号化しておき，万が一盗まれても情報がわからないようにする

第7章　図書館の業務とICT

　現代の図書館では情報通信技術（ICT）が重要な役割を果たしています。ほとんどの図書館で目録はコンピュータ化され，ウェブ上で公開されていますし，貸出や返却処理もコンピュータシステムを使用しています。資料の発注管理も然りです。今や図書館はICTなくしては機能しなくなっているといってよいでしょう。

　先に第3章1節4項でDXについて触れました。本章以降で紹介する図書館業務のICT技術，電子資料，デジタルアーカイブ[1]などは，図書館におけるDXの取り組みの一例であるということができます。

　本章では図書館関係の主なICTシステムやICT機器について紹介し，最後に図書館システムの導入と運用について説明します。

　付言すれば，本章では触れませんが，システムを組むまでもないレベルのICT利用も盛んです。例えば，ウェブからの情報発信はほとんどの図書館でなされていますし，データベースの検索など，インターネット接続を必要とするサービスの提供も，多くの図書館でなされています。また，Facebook，Twitter，InstagramなどのSNSを利用する図書館も増えています。

1．図書館システム

　図書館の業務やサービスを行うシステムを**図書館システム**といいます。国内で図書館システムを利用しはじめた1980年代は，目録レコードにMARC[2]を使って各図書館が独自のシステムを開発していました。その後，図書館システムがパッケージソフトウェア[3]として販売されるようになり，現在ではほとんどの図書館がこれを導入しています。導入す

1　デジタルアーカイブについては，第9章で詳しく触れます。
2　機械可読目録作業（MAchine Readable Cataloging）の略で，もともとは機械つまりコンピュータで処理するための目録レコードを作成する作業を意味していました。しかし，現在では，その作業に使用するデータフォーマット（データ形式）やその作業によって作成される目録レコードをも含めてMARCという用語が使用されています。なお，作業としてのMARCは，通常は，各国の国立図書館などで集中的に行われます（それゆえ，これは集中目録作業と呼ばれます）。その成果であるMARCレコードを各図書館で利用することにより，各図書館の目録作業負担が軽減されます。
3　業務に必要なソフトウェアがまとめられている，つまりパッケージ化されていることから，パッケージソフトウェアと呼ばれています。これについては本章6節5項で説明します。

る際には独自にシステムの設定変更（カスタマイズ）を行うことも多く，その費用の回収の意味もあり，通常５年程度は同一のシステムを継続して利用します。

　図書館にコンピュータが取り入れられた当初，システムは業務ごとに構築されており，目録システム，貸出・返却システム，発注・受入システムなどが連携して稼動していませんでした。そのため，当時の目録システムでは貸出・返却システムのデータを参照することができず，検索された資料が貸出中かどうかもわからなかったのです。

　現在では図書館業務全体に対応するシステムが構築され，そのサブシステムとして，目録システム，貸出・返却システム，発注・受入システムなどが構築されています。これは，これらのサブシステムが統合されたものとみなすことができるので，**統合図書館システム**（Integrated Library System：ILS）と呼ばれています。ILSではこれらのサブシステムが連携しているので，目録システムで検索した資料が貸出中かどうかがわかりますし，受入済だがまだ排架[4]されていない資料であれば，いつから利用可能になるかを表示することもできます。ILSには自館でサーバを管理するオンプレミス型のほかに，クラウド型のシステムがあります[5]。クラウド型にはシステムの構築や運用・保守にかかる作業が効率化できるというメリットがありますが，機能の拡張などはオンプレミス型の方が容易と考えられます。どちらを利用するかは，図書館の規模・用途に応じて選択されます。

　以下，ILSに含まれるサブシステムのうち，主要なものを見て行きます。なお，１〜３項は利用者とは直接関係しない業務にかかわるシステムですが，４〜７項は利用者と直接関係するサービスにかかわるシステムです。

（1）蔵書管理システム

　蔵書管理システムは，大きくは**図書管理システム**と**雑誌管理システム**に分かれます。現在の図書館では電子媒体の図書・雑誌も数多く提供されていますが，ここでは冊子体の図書・雑誌を前提に説明します。電子媒体の資料は本章３節４項で紹介する**電子情報資源管理システム**（Electronic Resource Management System：ERMS）で管理されます。

ａ．図書管理システム

　図書の管理は，コンピュータが導入される以前は，冊子体の図書原簿[6]への登録という形で行われてきました。通常，新たに図書館を設置するにあたっては，選書（図書館に受

4　図書館資料を書架に並べることをいいます。学術用語としては「排架」ですが，「配架」と書かれていることもあります。
5　オンプレミス型とはサーバやデータベースなどの情報システムを自社内（図書館の場合は自館内）の設備で運用することです。これに対してクラウド型とは，手元の機器からインターネットを通じて遠く離れた場所にあるサーバやアプリケーションソフト，データなどを利用することです。このようなコンピュータの利用法はクラウドコンピューティングと呼ばれます。
6　図書館に受け入れられた図書を記録する帳簿。図書台帳や受入リストなどの呼び方もあります。

け入れるべき資料を選ぶ業務）を行い，一定量の図書や雑誌をまとめて購入します。このときにまとめて購入した図書については，前もって原簿に登録します。その後，図書館が開館してからは，継続的な選書に加えて，利用者からの図書購入希望にも適宜対応して図書を発注します。発注した図書が入荷したら，受入へと進みます。受入した図書は原簿に登録されて，図書館の資料として利用されることになります。不要になった図書が除籍される場合は，原簿からも削除されますが，これらの一連の作業が図書管理システムで実行できます。

なお図書館では，同じ図書を複数冊所蔵することがあります。このように複数冊所蔵される図書を**複本**と呼びます。図書管理システムでは，通常，一つの図書書誌レコードに対して複数の所蔵レコードを結び付ける形で，複本を管理しています。

b．雑誌管理システム

雑誌の管理も基本的には図書と同じです。しかし，雑誌は図書と違い，同じタイトルで巻号の異なるものが定期的に（例えば，週刊誌なら週に一度）入荷されます。したがって，同じタイトルの冊子を多数管理することになります。また雑誌は巻号に抜けがないかどうかをチェックする必要があります。これを**欠号管理**といいます。図書館では同じタイトルの雑誌でも，初号から最新号まですべてを所蔵しているとは限りません。ですから，どの巻号を所蔵しているかがわかるように，雑誌書誌レコードには所蔵している巻号のレコードが結び付けられます。このような図書との違いに対応するため，雑誌管理には図書管理とは異なるシステムが必要になります。

（2）予算管理システム

予算管理システムは図書や雑誌の予算を管理するので，通常これらの管理システムと連携しています。またこのシステムを使い，備品代や消耗品代[7]などの予算を管理することもできます。ただし図書館自体の建物に関係する光熱費や各種設備・工事費などの予算は，このシステムでの管理には含めないことが一般的です。

（3）統計処理システム

ILSの各システムで業務を行えば自然に得られる統計を，業務統計といいます。貸出冊数，予約件数，蔵書冊数，発注件数，支払費用，除籍冊数などがこれに相当します。統計処理システムを使用すれば，これらの業務統計をさまざまな角度から分析できます。

7　備品とは椅子や机など長期にわたって使用されるものを指し，消耗品とは鉛筆や消しゴムなど，文字どおり消耗するものを指します。通常この両者は区別して管理されます。

（4）目録システム：OPAC

　利用者が蔵書検索を行うための目録システムは，一般に**オンライン閲覧目録**（Online Public Access Catalog：OPAC）と呼ばれます。OPACの検索画面は，通常「簡易検索」と「詳細検索」に分かれています。簡易検索では思いついた言葉を検索語として入力するだけで，タイトルをはじめとする**書誌事項**（著者名，出版社名，件名など）にその検索語が含まれる資料を検索してくれます。詳細検索ではタイトルや著者名などの書誌事項ごとに検索語を入力することができます。そのため，**精度**（**適合率**）[8]の高い検索が可能となります[9]。なお近年のOPACは，そのほとんどがウェブ上で利用できるようになり，このようなOPACは**ウェブOPAC**と呼ばれています。ウェブOPACを利用すれば，複数の図書館の所蔵資料を同時に検索する，横断検索システムを構築することも可能です。

　また大学図書館など，紙の図書・雑誌のほかにデータベースや電子ジャーナルなど多様な情報資源を提供する機関では，それらを同一の画面でまとめて検索できる，**ディスカバリーサービス**（Discovery Service）の導入も進んでいます。データベースや電子ジャーナルについては，第8章で詳しく述べます。

（5）貸出・返却システム

　貸出・返却システムでは，貸出のときに利用カード（貸出カードなどとも呼ばれる）の情報と図書の情報を読み込むことにより，**利用者のID**と**図書のID**が関連付けられます。それにより，現在誰がどの本を借りているかがわかるようになり，貸出管理が可能になります。

　返却のときは，返却された図書の情報を読み込むだけで，返却作業が終了します。これで貸出中の図書が返却されたことがわかりますので，貸出のときのように利用カードの情報まで読み込む必要はないのです。

　貸出期間を過ぎても返却しない利用者には，返却を促すために督促を行います。従来は利用者一人ずつに電話やはがきで連絡をしていましたが，貸出・返却システムを利用すれば，貸出期限が過ぎると同時に督促メールを自動発信することができます。これにより迅速で正確な督促連絡が行えると共に，図書館員の作業負担を減らすことができます。

8　検索されたレコード件数におけるニーズに合うレコード件数の比率をパーセンテージで示したものを精度（適合率）といいます。一方，ニーズに合わなかったレコードのことをノイズといいます。検索結果の精度が高いということは，ニーズに合うレコードの比率が大きく，したがって，ノイズが少ないことを意味しています。なお，第10章4節でこれについて詳しく触れます。

9　例えば書籍に関する資料を探そうと，簡易検索画面で「書籍」という検索語を入力すると，社名に「書籍」が含まれる出版社（例えば「大阪書籍」や「東京書籍」）の資料も検索され，大量のノイズが発生しますが，詳細検索画面のタイトルの項目に「書籍」という検索語を入力すると，出版社の項目が検索対象外になり除外されるため，ノイズを減らすことができます。

（6）マイライブラリー（My Library）

　近年の図書館システムは，利用者ごとにその人専用の情報を提供するサービス機能を持つものが多くなってきました。このようなサービス機能は**マイライブラリー機能**と呼ばれています。

　利用者はIDとパスワード（Pass Word：PW）を入力してこのシステムを利用します。これを利用すれば，例えば自身の貸出状況や予約状況を確認できます。またこれには，設定したキーワードや分類に該当する資料が新しく図書館に入ったら知らせてくれる，**選択的情報提供**（Selective Dissemination of Information：SDI）サービスなどを提供するものもあります。

（7）予約とリクエスト

　予約とは貸出中の資料が戻ってきたときに優先的に利用権を得られるようにするサービスです。リクエストとは利用者が図書館に所蔵していない資料を求めることです。リクエストを受けた場合は，ほかの図書館から取り寄せたり，新たに購入したりして資料を提供します[10]。

　現在の図書館システムはILSになっていますので，OPACと貸出システムが連携しています。そのためOPACで検索した資料が貸出中かどうかわかり，貸出中の場合はOPACから予約をかけることができます。また，検索した結果求める資料が図書館になかった場合は，OPACからマイライブラリーにログインし，リクエストをすることもできます。なお既述のように，現在のOPACはほとんどがウェブOPACとなっています。これを利用すれば，図書館に行かなくても，自分のパソコンやスマートフォンで予約やリクエストをすることができます。

2．ICタグ（RFIDタグ）

　ICタグは，正式には**RFID**（Radio Frequency Identification，**電波による個体識別**）タグといいます。これは，物体識別用のICチップを埋め込んだ小さなタグで，対象とする物体の識別コードなどの情報を電波で発信します。タグから発信された電波は**RFIDリーダー**と呼ばれる読み取り機で受信され，その物体の管理システムに情報が送信されます。図書館の場合，「物体」は「図書などの資料」ということになります。正式名称の「RFIDタグ」

10　なお，予約もリクエストサービスに含めることもあります。

よりも「ICタグ」という別称がよく使用されますので，以下では基本的にこの語を使用します。なお，これはほとんどの図書館で普及しているバーコードに替わって，2000年代初頭から利用されはじめたものです。

　公共図書館で最初に導入したのは，2001年宮崎県北方町（現 延岡市）の図書館だといわれています[11]。その後2003年頃から全国での導入が増え出し，2006年末の調査によると，国内でICタグを導入している図書館が約100館を超え，2008年には公共図書館の約188館に導入されたとのことです[12]。その後2020年からの新型コロナウイルス感染症拡大を受け，改めてその技術が注目される[13]などしたものの，現在にいたってもまだ主流にはなっていません。

　ICタグの導入にあたりどのような問題があるのでしょうか。これについては本節3項で述べます。

（1）ICタグの技術

　ICタグは，タグが発する電波をRFIDリーダーが受信することにより情報を識別します。また，使う電波の周波数によって，情報の読み取りや書き込みができる距離が異なります。電波の情報を読み取る距離は，数mmから数mまで幅広く設定できるため，図書館側で作業がしやすい距離に調節することが可能です。

　以前はICタグに電池を装着する必要がありましたが，近年では電波を読み取るRFIDリーダー側からの非接触電力伝送技術により，電池を持たない半永久利用可能なICタグも登場しています。ICタグの形状はラベル型，カード型，コイン型，スティック型などさまざまで，用途に応じて選択が可能です。なお，2011年3月22日には，ISO 28560「図書館におけるRFID使用に関する国際標準規格」（2022年現在の最新版は2018年版）が策定されました。

（2）ICタグ導入の意義

　従来図書館では資料識別のためにバーコードを利用してきました。図書に貼付されたバ

11　後藤敏行. 図書館におけるRFID業務の課題：導入館への質問紙調査から. 図書館界. 2012, vol.64, no.3, p.191.
　　吉田直樹. 連載 図書館のRFID：日本における導入の状況. 丸善ライブラリーニュース. no.153（復刊第1号），2008, p.12-13.
12　前掲注11（後藤敏行）参照。なお，この文献では，導入館を％で表示していますが，2006年の調査と比較可能にするため，館数換算しています。
13　ICタグは電波で情報を読み取るため，自動貸出・自動返却の機器（これらについては本節2項bを参照）と合わせて導入すれば，利用者と図書館員が接触することなく，貸出・返却ができます。そのため新型コロナウイルス感染症対策としてICタグを導入する図書館も出てきました。例として北上市立図書館や奈良市立図書館などがあげられます。

ーコードにバーコードリーダー（バーコードの読み取り機）を接触させ，読み取らせることによって，資料を認識していたのです。これに対して，ICタグは電波で情報を伝えます。例えば，ダンボール箱に図書が数十冊入っている場合，バーコードでは1冊ずつ図書を取り出してバーコードリーダーで読まねばなりませんが，ICタグなら箱に入れたままでもRFIDリーダーですべての図書の電波を受信することができます。

またICタグのメモリはバーコードに比べて，大量の情報を蓄積することができます。ですから，その図書の書誌情報はもちろん，目次やあらすじなどを記憶させておけば，RFIDリーダーの機能を持つ携帯端末を持って，これらの情報を表示しながら書架をめぐることも可能になります。

a．貸出・返却業務の合理化

ICタグの導入により，大量の本の貸出・返却が一括処理でき，業務が迅速化，省力化されます。

b．自動貸出・自動返却の実現

図書にICタグを装着し，利用カードをICカード[14]にし，さらに退出用のゲートにICタグ・ICカードからの電波を読み取る機能を付与すれば，ゲート通過時にどの利用者がどの図書を持ち出したかを認識できるので，退出時に自動的に貸出処理をすることができます。また図書館の返却用ボックスにICタグの電波を読み取る機能を付与すれば，返却用ボッ

図・表7－1　ウォークスルー型図書自動貸出システム[15]

14　ICカードについては，第6章5節1項bを参照してください。

15　"図書のご利用・図書施設案内"．有田川ライブラリー．2022-09-01，https://www.town.aridagawa.lg.jp/aridagawalibrary/library.html，（参照 2022-11-20）．

クスに図書を投入するだけで，自動的に返却処理を行うことができます。2020年1月，有田川ライブラリー『ALEC』（和歌山県）に，この機能を持った「ウォークスルー型図書自動貸出システム（前ページの図・表7-1参照）」と「自動返却ポスト」が設置されました。

c．棚卸し（蔵書点検）の効率化

　店舗では物品の有無を調査することを「**棚卸し**」といいますが，図書館では年一回程度蔵書の棚卸しをします。図書館ではこれを「**蔵書点検**」と呼ぶことが多いです。通常，棚卸しは多くの図書館員が手分けして，全蔵書のバーコードをバーコードリーダーで読み取り，図書・雑誌管理システムに登録されている情報と照合するという作業手順で行われます（バーコードが普及する前は，ラベルの番号を印刷した図書リストと図書の現物を目視で照合していました）。その期間に貸出や返却をされると蔵書の確認ができなくなるため，棚卸しの期間は休館にしなければなりません。

　ICタグを利用すると，多くの図書の情報を同時に読み取ることができますので，作業が効率化されます。2005年に実施されたバーコードとICタグの棚卸しに要する時間を計測する実験では，120冊の同じ図書に対し，バーコードの読み取りが6分58秒，ICタグの読み取りが最速で4分5秒かかったという結果が出ました[16]。この結果からは，バーコードをICタグに変えると，従来の作業時間が最速で約4割削減できると考えられます。なお，ICタグを利用した自動棚卸しシステムもありますが，これについては次節3項で紹介します。

d．棚アンテナの利用による更なる利便性のアップ

　棚アンテナとは，資料に貼られたICタグを読むために書架の各段にはりめぐらせたアンテナのことです。従来は図書が実際に指定の場所に並んでいるか，目視で確認する必要がありましたが，棚アンテナを設置すれば，書架の各段にどの本があるかを，リアルタイムで把握することができます。

　会員制の図書館である「アカデミーヒルズ六本木」では，実験的に棚アンテナが設置されたことがあるものの[17]，費用面での障壁が高く，まだ普及していません。なお，すべての棚にアンテナを設置すれば，蔵書を常に把握できますので，理論的には，上記の棚卸しをわざわざ行う必要がなくなります。

16　日本出版インフラセンター．出版業界における電子タグ実証実験に関する調査報告書：エネルギー使用合理化電子タグシステム開発調査事業．経済産業省, 2005, p.138, https://dl.ndl.go.jp/info:ndljp/pid/1285876,（参照 2022-11-20）．本文で引用しているICタグの読み取り時間はUHF帯タグの実験3回目の時間を記載しています（1回目は4分9秒，2回目は4分20秒）。

17　加藤弘一．"最高にとんがった図書館：六本木ライブラリ訪問記"．ほら貝．2004-08-02．http://www.horagai.com/www/den/6hills.htm#c2,（参照 2022-11-20）．

（3）ICタグの導入を阻むもの（デメリット）

　ICタグがバーコードに代わる技術として注目されてから，すでに20年以上の年月が経過しています。ICタグは高機能で導入すれば利便性がアップすることがわかっているにもかかわらず，どうして普及しないのでしょうか。ここではその原因を説明していきます。

ａ．性能面での問題

　複数のICタグを同時に読み込むことができるのは，ICタグの利点です。しかしICタグの付いた本を多数並べていると，不必要なICタグまで読み込んでしまうことがあります。読み取り機器が必要のないICタグを読まないように設定するのは難しいのです。そのほか，ICタグの電波が医療機器に与える影響など，不安要因も指摘されています。

ｂ．価格の問題

　ICタグの価格は機能や種類によりさまざまではありますが，１枚数十円の費用[18]を要します。これは数万から数百万冊の資料を扱う図書館では，非常に高額な投資になります。１枚当たり実質１〜２円ともいわれているバーコードの価格とは比較になりません。そのため，現在までにICタグを導入してきた公共図書館の３／４が新設図書館でした。このことは，ICタグの導入のために新たに多額の予算を獲得するのが難しく，多くの場合，新たな図書館設置のための費用の中に吸収させて，ようやく導入しているという現実を示しています。

ｃ．導入後の問題

　ICタグを導入して貸出・返却などさまざまなサービスの自動化を行った場合，ICタグの不調発生時に図書館員がすぐに対応できないケースも起こる可能性があります。そのため完全にICタグのみには移行できず，「バーコード一体型ICタグ」が使用されることが多いです。いわば保険としてバーコードを利用し続けざるを得ないという点があります。

ｄ．情報のプライバシーの問題

　ICタグはバーコードと異なり電波で情報を伝えるため，記録されている情報が第三者に読み取られてしまうおそれがあります。例えば，かばんに入れている貸出中資料のICタグが読み取られて，誰が何を読んでいるかという情報が盗まれるなど，プライバシーの

18　タック・ポート．"図書館ICタグの基礎知識　Q & A"．Tack Port．https://www.tackport.co.jp/ic-QA.shtml #qf3，（参照 2022-11-20）。

侵害が危惧されています。そのためICタグを導入した図書館は，タグに記録する情報の保護手段，システムの安全性などについて，十分な対策を取る責務を負わなければなりません[19]。

3．図書館で使用されるさまざまなシステム・機器類

ここでは本章1節で取り上げた，いわゆるILS（統合図書館システム）に含まれないが，図書館で使用されるシステム・機器類を紹介します。ただし，ILSとこれらの境界は不明確で，緊密に連携するものも多いです。これらの機能を含むILSもすでに存在するかと思われます。以下，その点を含んで読み進めてください。

なお，以下の1〜4項は利用者とは直接関係しない業務にかかわるシステム・機器類ですが，5項と6項は，主に利用者と直接関係するサービスにかかわるシステム・機器類です。

（1）自動書庫

自動書庫というのは，図書運搬用ロボットが設置された書庫のことです（通常は利用者が立ち入らない閉架スペースに置かれます）。人が取り出す書庫だと，人が通るためのスペースが必要ですが，このロボットは人より小さく，スペースをあまり必要としません。そのため書庫の収容量が飛躍的に増加します。

一般に自動書庫では，図書は数十冊の収容能力があるコンテナ（箱）に容れられて，金属製の棚（図・表7-2でいうラック）で保管されます。「どの図書がどのコンテナに入っているか」を機械に記録して，図書を管理します。利用者から閉架にある図書の利用要求が出されたら，図書館員はカウンターのパソコンを使用して自動書庫の図書搬送用ロボット（図・表7-2でいうスタッカークレーン）を操作し，当該図書の入っているコンテナを取り出し，図・表7-2でいう水平搬送機に乗せます。コンテナは搬送機に乗ってカウンター（正確にはカウンターのそばに設置されている図・表7-2でいう出納ステーション）に届けられます。カウンターにそのコンテナが届いたら，図書館員はコンテナの中から当該図書を取り出して，利用者に提供します。図書を自動書庫に戻すときは，この逆の手順になります。

自動書庫を利用すると，図書館員が閉架スペースから図書を取り出す必要がなくなり，出納作業が格段に省力化されますし，利用者に閉架の図書を提供するまでの時間も短縮で

19　国公私立大学図書館協力委員会ほか．"図書館におけるRFID 導入のためのガイドライン"．日本図書館協会．2010-07-14，https://www.jla.or.jp/portals/0/html/RFIDguideline.pdf，（参照 2022-11-20）．

図・表7‐2　自動書庫の全景[20]

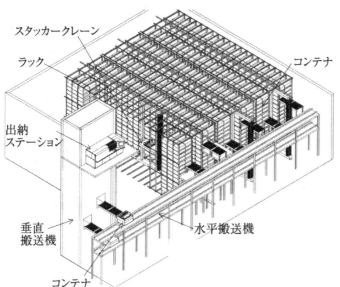

スタッカークレーン
ラック
コンテナ
出納ステーション
垂直搬送機
水平搬送機
コンテナ

図・表7‐3　国立国会図書館関西館の自動書庫[21]

きます。

　国立国会図書館関西館の自動書庫は約140万冊を収蔵できる，国内最大級の規模です。図・表7‐3は，同館の自動書庫の一部を切り取った写真ですが，狭い書架の間を走る図書搬送用ロボットが見えます。

（2）自動棚卸しシステム

　棚卸しについては前節2項cで，ICタグを利用することで非常に効率化されることを述べましたが，この作業を自動で行うシステムを**自動棚卸しシステム**といいます。自動棚卸しシステムを導入すれば，棚卸し作業に要する人員と手間が削減され，休館日数の短縮や無化が可能となり，利用者サービスの向上につながります。

　自動棚卸しシステムの導入は，基本的に，自動書庫の導入とICタグの装備が前提となります。自動書庫の中にRFIDリーダーを設置し，資料の入ったコンテナをRFIDリーダー設置場所まで自動搬送してICタグを読み取ることにより棚卸しを実施します。なお，棚アンテナによる自動棚卸しについては，前節2項dで触れたとおりです。

　また，ICタグとは別のアプローチとして，**人工知能**（Artificial Intelligence：AI）による蔵書管理・棚卸しを行うシステムも開発されています。この事例として本の背表紙画像を

20　日本建築学会編. 建設設計資料集成：教育・図書. 丸善, 2003, p.177.
21　"関西館バーチャルツアー：自動書庫". 国立国会図書館. https://www.ndl.go.jp/jp/kansai/visit/v_tour/tour_05.html#anchor01, （参照 2022-11-20）.

人工知能に学習させ，書架の画像と照合して棚卸しをサポートする「SHELF EYE」（京セラコミュニケーションシステム株式会社)[22]があげられます。

（3）自動仕分けシステム

自動仕分けは，返却処理された図書を排架位置に従って自動的に仕分けることをいいます。以下，これについて具体的に述べます。

まず返却された図書が，自動仕分けのために設置されたベルトコンベヤーに乗せられて仕分けを行う場所へ運ばれます。次いで運ばれてきた図書は，ICタグやバーコードの情報を元に登録されている所在情報が識別され，書籍の排架位置別に仕分けられます。

図・表7-4に自動返却処理も併せて行う自動仕分けシステムの例を示します。このシステムでは，利用者が借りていた図書を返却口に投入しますと，図書の登録番号が読み取られて，返却処理が行われます。返却の際は，バーコードなら貼付面を上にして，機械が読み取れるように投入する必要があります。ICタグなら図書の向きは問いません。その後自動で排架位置別に仕分けられ，指定の台車に入れられます。

図・表7-4 図書自動返却・仕分けシステムの例[23]

---

22 "AI蔵書管理サポートサービス「SHELF EYE」". 京セラコミュニケーションシステム株式会社. https://www.kccs.co.jp/ict/service/shelfeye/（参照 2022-09-07）.

23 "自動返却仕分機". 日本ファイリング. https://www.nipponfiling.co.jp/products/library/counter/return_system.html,（参照 2022-11-20）.

（4）電子情報資源管理システム

　電子ジャーナルやデータベースなどの電子資料[24]（電子情報資源）は，冊子体の資料と違い，物理的には存在しません。ウェブ上の決められたサイトにアクセスして利用しますので，接続先の管理などが必要です。また契約の内容により接続方法や同時にアクセスできる回線数なども異なります。このような事情から，冊子体の図書・雑誌管理システムの機能だけでは電子情報資源を管理することは困難です。そのため，電子情報資源を提供する図書館の多くは，**電子情報資源管理システム**（Electric Resource Management System：ERMS）を別途導入しています。

（5）自動貸出機

　ICタグ・ICカードと電波を読み取る退出ゲートを使用した新しい自動貸出の技術については，前節2項bですでに触れています。ここでは，現在使用されている**自動貸出機**を使用した自動貸出について取り上げます。

　自動貸出機は「無人貸出機」ともいいます。図書館に設置してある自動貸出機にはさまざまなタイプのものがありますが，図・表7-5の機械の場合，操作法を示すためのディスプレイと，借りたい資料を乗せるスペースで構成されています。貸出手順はおおむね次のとおりです。借りたい図書を自動貸出機の指定の場所に置き，バーコードもしくはICタグを読み取らせます（バーコードの場合は1冊ずつ読み取らせますが，ICタグの場合は一度に複数冊読み取らせることができます）。その後利用者を認識するため利用カードを挿入するように指示がでますので，カードを挿入します。これで貸出手続きは完了し，多くの場合，図書情報と返却予定日を記載したレシートが出てきます。ディスプレ

図・表7-5　自動貸出機[25]

24　電子資料については第8章で詳しく触れます。
25　山梨県立図書館の自動貸出機。

イで一連の操作手順が示されるので，誰でも間違いなく使えます。

　自動貸出機の導入により，利用者は貸出をカウンターではなく自動貸出機を使って行うようになったという報告があります。これは，利用者は自分の借りた本を他人には知られたくなく，他人に見られずに貸出できる方を好むという理由によるようです[26]。

　図書館内で使用する自動貸出機とは異なりますが，貸出のための機器を図書館から離れた交通の便のよい場所に設置する図書館もあります。これもまた自動貸出機の一種といってよいでしょう。例えば，神戸市立図書館は市営地下鉄海岸線三宮・花時計前駅に，泉佐野市立図書館は南海本線泉佐野駅に予約図書を自動で受け取ることができるロッカーを設置しています。

図・表7-6　予約図書自動受取機[27]

　この場合，このロッカーが自動貸出機に相当します。貸出の仕組みは次のとおりです。OPACで予約された図書を図書館員がロッカーに入れて，予約者のアドレスにメールを送信します。予約者は利用カードをかざし，「借りる」ボタンを押すことで予約本を受け取ることができます。アクセスのよい場所で好きな時間（神戸市の場合は三宮・花時計前駅の営業時間に準じる）に貸出を行うことができるのは，図書館の開館時間内に来館することが困難な利用者には，便利なサービスではないでしょうか。

26　大串夏身編著．最新の技術と図書館サービス．青弓社，2007，p.49.
27　神戸市立図書館の予約図書自動受取機。
　　"予約図書自動受取機のご案内"．KOBE．https://www.city.kobe.lg.jp/a09222/kosodate/lifelong/toshokan/facilities/sfp.html，（参照 2022-05-17）.

（6）リンクリゾルバと文献複写依頼システム

a．リンクリゾルバ

　書誌データベースやOPACなどの検索結果から，最適な文献やサービスへのリンク先を決定する仲介システムを**リンクリゾルバ**（link resolver）といいます。これは，雑誌に掲載されている記事（論文）を探すための**雑誌記事索引**データベースなどに連携させられています。

　以前は雑誌記事索引データベースで求める論文を検索した後は，図書館がその論文を掲載している雑誌の当該号を所蔵しているかどうかをOPACで検索し直す必要がありました。しかし今では，紙の雑誌以外に電子ジャーナルなどもあり，求める文献までどのようにアクセスすればよいかがわかりにくくなっています。そこで，各図書館の所蔵資料や電子ジャーナルなどの契約内容，あるいは**オープンアクセス**（open access）[28]になっている雑誌記事なども考慮して，利用者を最適なリンク先に導く必要があります。通常，図書館が契約している電子ジャーナルの記事もしくはオープンアクセス資料があれば，URLを利用して，優先的にその記事に導きます。現在リンクリゾルバは，多くの大学図書館や専門図書館[29]で導入されています。

b．文献複写依頼システム

　利用者が求める文献が自館に所蔵されていない場合，図書館からその文献を所蔵している図書館や文献複写専門業者への複写依頼などを行うシステムです。従来は，文献複写依頼は，利用者が図書館の複写依頼担当窓口に依頼書を持参して申し込んでいましたが，先に説明したリンクリゾルバとの連携により，ウェブで入手できなかったものについては，複写依頼担当窓口に自動的に複写依頼を申請できるようになりました。これにより利用者が手書きで文献複写依頼の申請書を提出し，それを複写依頼担当者がデータ入力するなど，利用者・複写依頼担当者双方の煩雑な作業が合理化されます。申請は図書館から，自動的に指定の文献複写専門業者（第8章4節で紹介する**文献デリバリーサービス業者**）に依頼するように設定することも可能です。このようなシステムには，依頼文献の統計処理と共に費用および支払管理までも含めて対応する機能も備わっています。

---

[28] 「学術研究成果を誰もが無料でオンラインで利用できるようにすること，またその理念。」（"オープンアクセス"．コトバンク（図書館情報学用語辞典 第5版），https://kotobank.jp/word/-670589，（参照 2022-11-20）.）．

[29] 公共図書館，大学図書館，学校図書館，国立国会図書館以外の図書館を指します。議会や官公庁，美術館，博物館，研究所，企業などが設置する図書館が含まれます。

4．ICTによるレファレンスサービスの変容

（1）デジタルレファレンスサービス

　レファレンスサービスには多様なサービスが含まれますが，基本的には，利用者の求めに応じて図書館員が資料や情報を提示し，利用者を支援するサービスであるといえます。図書館では来館者に窓口で実施するほか，古くは手紙や電話という形で，非来館者向けのレファレンスサービスも実施してきました。

　ICTの普及に伴い，レファレンスサービスの方法も変容しました。ICTを用いて行うレファレンスサービスをデジタルレファレンスサービスといいます。具体的には電子メールやウェブサイトの申込フォームでのレファレンス質問受付や，チャットやZoomを利用して利用者とやり取りをするレファレンスサービスなどがあげられます。

　執筆時点の最新動向としては，2022年1月に東京都立図書館が人工知能（AI）による自然言語分析技術を用いたチャットボットサービス[30]「都立図書館利用案内Q&A」を開始したこと[31]があげられます。これは図書館の利用方法に加え，本の調べ方や情報の調べ方といったレファレンス質問にも対応しています。

（2）パスファインダーのデジタル化

　利用者から援助を求められることの多い分野などの資料や情報を，利用者自らが探すことができるよう，これらの資料や情報の探し方を記したもの（資料）を作成しておけば，これはレファレンスサービス担当者（「レファレンスライブラリアン」といいます）の代わりに利用者を援助する機能を果たすことになります。このように利用者を援助し，求める資料や情報に導くものをパスファインダー（path finder）といいます。利用者の質問に対して回答する直接的レファレンスサービスに対し，パスファインダーの作成など，利用者が図書館において自身で調査を行えるようにするための環境整備は，間接的レファレンスサービスと呼ばれています。

　従来のパスファインダーは紙に印刷して図書館内で配布していましたが，近年はウェブ

30　チャットボット（chatbot）とは人工知能を活用した自動会話プログラムで，文字を入力すると会話形式のコミュニケーションを自動的に行います。これを活用したサービスをチャットボットサービスと呼びます。
31　"チャットボットサービス「都立図書館利用案内Q&A」を開始します"．東京都立図書館．https://www.library.metro.tokyo.lg.jp/guide/information/6384_20220112.html，（参照 2022-11-20）．

上で公開されるものも増えてきました。国立国会図書館の提供する**リサーチ・ナビ**[32]というウェブサイトから「主題から調べる」に進むと、「全般＞パスファインダー」という項目に「公共図書館パスファインダーリンク集」があります。ここでは都道府県立図書館や政令指定都市立図書館が作成したウェブ上のパスファインダーを参照することができます（図・表7 – 7参照）。そのほかの図書館がウェブ上でパスファインダーを公開する方法としては、自館のウェブサイトにパスファインダーをアップロードするほか、次項で触れるレファレンス協同データベースの「調べ方マニュアル」や、LibGuides（SpringShare社）[33]というシステムを利用する方法などがあります。レファレンス協同データベースの「調べ方マニュアル」が決められたフォームに入力するのに対し、LibGuidesは画像・動画の投稿含め、自由なデザインでオンラインパスファインダーを作成することができます。LibGuidesは北米の図書館を中心に普及していますが、有料契約が必要なことや編集画面が英語であることから、国内では一部の大学図書館等が利用するにとどまります。

図・表7 – 7　リサーチ・ナビにあるパスファインダーリンク集の画面[34]
（都道府県立図書館の箇所の一部）

32　国立国会図書館利用者サービス部サービス企画課．リサーチ・ナビ．https://rnavi.ndl.go.jp/jp/．（参照 2022-11-20）．

33　天野絵里子．E1410-つながるLibGuides：パスファインダーを超えて．カレントアウェアネス-E．2013-03-28，no.234，https://current.ndl.go.jp/e1410，（参照 2022-11-20）．

34　国立国会図書館利用者サービス部サービス企画課．"公共図書館パスファインダーリンク集"．リサーチ・ナビ．https://rnavi.ndl.go.jp/jp/guides/pubpath.html，（参照 2022-11-20）．

（3）レファレンス協同データベース

レファレンスサービスに役立てるため，過去の質問と回答をデータベース化している図書館も多いと思われます。しかし，単館では限度があり，多くの館が協力して質問と回答の事例を多数集めるほうが，レファレンスサービスの役に立ちます。

そのため国立国会図書館は，全国の公共図書館，学校図書館，大学図書館，専門図書館と協同で，レファレンス事例のデータベースを構築しています。これは**レファレンス協同データベース**（通称**レファ協**）と呼ばれています。参加機関はレファレンス事例のみならず，各図書館の基本情報・調べ方マニュアル・特別コレクションも登録することが可能です。

令和4（2022）年9月末の統計ではレファレンス事例が146,708件一般公開されており[35]誰でも自由に閲覧することができます。これら蓄積されたレファレンス事例は図書館で新たにレファレンス調査を受け付けた際，先行する類似事例として調査方法や参考資料を参照し，調査の手がかりとすることが可能です。また，自館のレファレンス調査事例をアピールし，レファレンスサービスの利用を促進するための素材としても活用できます。

5．学術機関リポジトリ

大学図書館を中心に，その大学に所属する研究者の学術的文献や研究発表資料，授業資料などを蓄積し，検索できるようにするシステムが構築されています。これを**学術機関リポジトリ**（institutional repository）[36]といいます。

学術機関リポジトリは，「大学や研究機関などで生産もしくは保有する知識，情報，データをデジタル情報として公開することで，障壁なきアクセスを可能とし，その利活用を促し，新たな価値を創出する知識基盤」と定義されています[37]。学術機関リポジトリはインターネットで広く公開されているため，誰もが無料でアクセスすることができます。これは大学等の研究成果の利用促進やPRにもつながります。

---

35 レファレンス協同データベース. 令和4年9月統計.「（表2）データ登録数 一般公開 合計」による（https://crd.ndl.go.jp/jp/library/documents/stats_202209.pdf（参照 2022-10-17））。
36 「機関リポジトリ」や「リポジトリ」というように，省略的に記されることもあります。
37 国立大学図書館協会オープンアクセス委員会.“機関リポジトリの再定義について”. 国立大学図書館協会. 2019-08-05, https://www.janul.jp/sites/default/files/janul_redefining_the_institutional_repository_20190805.pdf,（参照 2022-11-20）.

６．図書館システムの導入と運用について

　ここまで，図書館のさまざまな業務やサービスで使用されているシステムや機器等についてみてきましたが，ただ単に図書館にコンピュータを導入すれば運用ができるわけではありません。図書館システムを導入して運用するにあたって何が必要とされるのか，その過程を見ていきましょう。

（１）現状分析と要求仕様書の作成

　図書館で行われている業務には，選書や発注，受入，支払などの受入業務，受け入れた資料についてデータの作成や装備を行う整理業務，資料の提供などを通じて利用者にさまざまなサービスを提供する利用者サービス業務，資料の状態や所在不明になっていないかどうかを管理する蔵書管理業務など，さまざまな種類があります。図書館システムを構築するにあたってまず必要とされるのは，これら日常的に行っている業務の内容，手順，分量などを把握することです。そして，現在行っている業務のうち，どれを図書館システム上で運用していくのかを決定します（すべての業務がシステム化できるわけではありませんし，また図書館システムで運用することが最適とは限りません）。ここで検討した結果把握された業務の内容，手順，分量や，図書館システム上で運用する業務の情報は最終的に要求仕様書としてまとめられ，それをもとにして導入する図書館システムを選定する作業にかかることになります。

（２）必要とされるハードウェア

　図書館システムに必要とされるハードウェアの性能を決めるための要件としては，図書館の蔵書数や年間受入冊数，登録利用者数，システムで運用する業務やサービスの種類などがあげられます。大規模な図書館では高性能なコンピュータが必要とされますし，小規模な図書館では比較的廉価なコンピュータでも十分な場合もあります。蔵書数や年間受入冊数が多い図書館であれば，ハードディスクなどの記憶装置も大容量のものが必要となります。端末台数はコンピュータを使用する人数（職員および館内利用者）を考慮して決定します。図書館システムの利用者が多ければ，同時アクセス数も多くなりますが，その場合コンピュータの性能だけではなく，コンピュータへアクセスするためのネットワークの性能も考慮する必要があります。業務用や利用者用の端末はLANケーブルで接続しますが，持ち込むパソコンにもネットワークへのアクセス環境を提供するのであれば，Wi-Fiなどの無線LANが使用できる環境の構築も必要となります。

（3）ハードウェアの設置環境など

　図書館システムの運用には「サーバ」と呼ばれるコンピュータが通常使用されます。大規模な図書館では，以前はメインフレームが使用されることが多かったのですが，コンピュータの性能の向上により現在では汎用機よりも小型のコンピュータでも十分な性能を発揮することが可能になっています。

　なお，OPACやデータベースの利用は図書館外からも可能ですので，24時間365日休まずサーバを稼働させる必要があります。また，何らかの原因によりサーバに障害が発生すると，業務や利用者サービスの提供ができなくなりますので，注意が必要です。

　前述した内容からわかると思いますが，サーバには高い耐久性や信頼性が求められます。これらを確保するためには設置環境が重要となります。設置場所の空調（温度や湿度の管理）や必要な電気容量の確保，停電や落雷などの災害対策などについても，あらかじめ考慮しておく必要があります。

（4）図書館システムの選定

　図書館システムの選定方法としては，複数の業者による競争入札が一般的ですが，この場合価格のみが評価基準となるため，必ずしも使い勝手のよいシステムが落札されるとは限りません。その欠点を補うべく最近注目されているのが，プロポーザル方式による入札です。プロポーザル方式とは「技術的に高度」もしくは「専門的な技術が要求される」業務の発注に使われる発注形式で，価格だけではなく，提案内容の質の高さや入札業者のこれまでの実績など，さまざまなポイントによって総合的に評価を行います。したがって，図書館のニーズにより合った図書館システムを選定することが可能となります。

（5）図書館システムのカスタマイズ（修正）

　いくつかのメーカーから，標準的な図書館業務を行うためのパッケージソフトウェアが販売されています。図書館システムを導入する場合，各図書館で一から図書館システムを構築するのではなく，パッケージソフトウェアを使用することがほとんどです。パッケージソフトウェアには，前述した受入，整理，利用者サービス，蔵書管理などの業務を遂行するためのソフトウェアが備えられているわけですが，各メーカーが作成したパッケージソフトウェアで想定されている業務のやり方と，システムを導入しようと考えている図書館における業務のやり方は，必ずしも一致しているとは限りません。その場合，パッケージソフトウェアを現行の作業手順に合わせるか，または現在行っている作業手順を変更し

てパッケージソフトウェアに合わせるか，どちらかを選択することになります。前者を選択した場合は，パッケージソフトウェアのカスタマイズが必要となり，追加費用が発生する可能性もあります。一方，後者を選択した場合は，追加費用は発生しませんが，新たな業務手順を理解する必要があり，業務の効率が低下する恐れがあります。パッケージソフトウェアでの業務手順についてはある程度選定前に確認ができますので，選定後に慌てることのないよう，事前にシステムの業務手順について理解し，どうするかを検討しておく必要があります。

（6）業務を行うための初期設定

図書館システムの運用は，業務やサービスを実施するためのソフトウェアがあればすぐに可能となるわけではありません。例えば図書の貸出を例にとって考えてみますと，導入したばかりの図書館システムには貸出や返却を行うための機能は備わっていますが，貸出冊数や貸出期間については個々の図書館側で定める必要があります。また，借りようとする資料の種類（図書，雑誌，CDなど）によって貸出冊数や貸出期間を変えるのかについても定める必要があります。さらに，大学図書館の場合，利用者の身分（教員，学生，卒業生など）や図書館資料の排架場所（開架書架，閉架書庫など）によって貸出冊数や貸出期間を細かく設定するのかなども決める必要があります。蔵書の管理についても，管理するために必要な項目は図書館システムに用意されていますが，個々の資料に合わせて適切な値（コード）をそれぞれの項目に設定する必要があります。

図・表7-8　資料の管理項目の例

項目	値（コード）
受入区分	1：購入　2：寄贈
和洋区分	1：和　2：洋
資料形態区分	1：図書　2：マイクロ　3：CD　4：DVD
禁帯出区分	0：帯出可　1：禁帯出
保存区分	0：永久保存　1：1年保存　2：2年保存
資料状況区分	0：書架にあり　1：調査中　2：不明

（7）テスト運用と業務マニュアル作成

　図書館システムのカスタマイズや必要な初期設定が終了したら，各システムが想定どおりに動くかどうかテスト運用を実施します。テスト運用期間は通常1～数か月ですが，この期間内に業務やサービスの提供が問題なく行えるか，さまざまな状況を想定してテストを行います。何か不具合があればその原因を確認し，プログラムの修正などによって対処します。このテストが十分に行われないと，本番の運用で不具合が発生してしまう恐れがありますので，かなり重要なプロセスになります。また，受入や整理，利用者サービスなどさまざまな業務を図書館システム上で行うのに必要な業務マニュアルを，パッケージシステムに付属している操作手順書などを元にして，この期間に作成しておきます。

（8）データ移行

　はじめてコンピュータを導入する場合には必要がありませんが，すでにコンピュータを導入していて，今回別のシステムを導入する場合には，現行のシステムから新しいシステムへデータを移行する必要があります。移行の対象となるデータには，①蔵書の書誌データのような図書館によって管理の仕方があまり変わらないデータ，②蔵書の所蔵データや利用者データのような図書館によって管理の仕方が異なるデータ（蔵書の請求記号や排架場所，貸出冊数や期間など利用条件の設定方法などは，図書館によって異なります），③支払いデータや貸出データのようなステータス（状態）が変化するデータなど，さまざまな種類があります。①についてはデータ移行の際に問題が発生するケースはあまりありません。②については初期設定のところで説明したさまざまな項目の設定方法がパッケージソフトウェアによって異なるケースが多いので，現行のシステムで設定している項目を新しいシステムではどのように設定すればよいのか，入念に事前準備を行う必要があります。③についてはデータ移行中に状態が変化してしまうと支障が生じますので（例えば，データ移行前に未払いの資料が移行中に支払い済になってしまうと金額が合わなくなって会計業務に支障をきたすことになり，また移行中に未貸出の図書が貸出されてしまうと図書の所在が不明になってしまう恐れがあります），移行期間は業務を停止する必要があります。

（9）本番稼働

　すべてのデータ移行が終了したら，最終チェックを行い，いよいよ新しいシステムでの業務がはじまります。テスト運用期間に十分なチェックを行っていればこの時点で大きな問題は起こらないはずですが，テスト運用は限られた数量のデータで実施していますので，

本番環境の大量のデータで運用を行うと，テスト運用で見つからなかった不具合が発生することもあります。したがって，本番稼働がはじまってから一定期間（最低でも数か月）は不具合が発生することを想定して，何かあったときに迅速に対応できる体制を維持しておく必要があります。

（10）システム稼働後の運用体制

　コンピュータや周辺機器などのハードウェアや図書館システムの保守管理やトラブル対応には専門的な知識が必要ですので，図書館職員がこれらの業務を担当するのは困難です。また，図書館システムを使用していくうちに新たな業務が発生することもありますが，その際にはシステムの手直し（カスタマイズ）が必要となる場合があります。まだ，統計データや帳票類については，当初想定していなかったものが必要となる場合もあります。前述したトラブルや手直しに対応できるよう，ハードウェアの保守業者やパッケージシステムの提供元であるメーカーなどと保守契約を結び，トラブルの発生やシステムの変更などに対応できるようにしておくことが必要です。

第8章　図書館と電子資料

　従来図書館が扱う資料は紙媒体が中心でしたが，近年はオンラインデータベースに加え，電子版の図書・雑誌も増えています。ここでは図書館で扱う電子資料に焦点をあてます。

1．電子資料とは

　電子資料とは，通常の本や雑誌のように紙媒体で提供される資料ではなく，CDやDVDのような電子媒体で提供される資料や，オンラインで利用される資料（例えばデータベースや電子ジャーナル）のことをいいます。なお，前者は内容（コンテンツ）がCDやDVDなどに容れられている（パッケージされている）ので**パッケージ系電子資料**と呼ばれ，後者は**オンライン系電子資料**と呼ばれています。現在では後者が主流なので，次節ではこれを取り上げます。

2．オンライン系電子資料

（1）データベース

　オンライン系電子資料では，データベースが中心になります。そこでデータベースについての基本的な説明からはじめます。国内の著作権法や日本産業規格（JIS）では，これは以下のように定義されています[1]。

　　①論文，数値，図形その他の情報の集合物であつて，それらの情報を電子計算機を用いて検索することができるように体系的に構成したものをいう（著作権法第2条）

　　②複数の適用業務分野を支援するデータの集まりであって，データの特性とそれに対応する実体との間の関係を記述した概念的な構造に従って編成されたもの（JIS X0001：1994情報処理用語−基本用語）

1　データベースの定義については，第4章2節も参照してください。

③特定の規則に従って電子的な形式で，一カ所に蓄積されたデータの集合であって，コンピュータでアクセス可能なもの（JIS X0807：1999電子文献の引用法）

このように定義には若干違いがありますが，おおよそ以下のようなものといえるでしょう。

・データや情報が体系化・構造化され，電子媒体に蓄積されている
・コンピュータによって検索・アクセスできる

これらの点を踏まえ，ここではデータベースを以下のように定義しておきます。「コンピュータによって構築・検索・利用されるものをいい，複数のアプリケーションソフトまたはユーザーによって共有される体系化・構造化されたデータや情報の集合。一般には管理システム[2]をも含めてデータベースという」。ただし，ヨーロッパではこれをコンピュータで使用するもの，すなわち電子的であるものに限定していませんので注意が必要です。

（2）オンラインデータベース

オンラインデータベース（online database）とは，ネットワークを経由し遠隔地から利用できるデータベースのことです。多くの場合，オンラインデータベースの利用者はデータベースの提供業者と利用契約を結び（通常は有料），IDやパスワードの発行を受けることで，自分のパソコンからデータベース上に蓄積された情報を検索・閲覧できるようになります。また，図書館では法人契約でIPアドレス認証を受けて使用できることもあります[3]。なお，このような有料のデータベースは**商用データベース**と呼ばれています。現在ではほとんどのデータベースがオンラインデータベースなので，これは単に「データベース」と呼ばれることも多いです。

オンラインデータベースでは，情報源として多くの人が要求する価値のあるものが提供されてきましたが，その内容は学術的，専門的な情報であることが多いといえます。初期は科学技術系のものが多かったのですが，近年では，ビジネスや人文科学系など，あらゆる分野のものが作成されるようになりました。

また従来は，基本的には雑誌論文の書誌情報などを提供する，いわゆる書誌データベースが中心でした。しかしながらICTの発展により，データベースは質的に変化してきました。かつては論文等の原文の全データを扱ったり，これを検索対象としたりすることは，コンピュータの性能上不可能でしたが，現在では膨大な分量のデータやカラーの図表・動画なども問題なく扱えるようになり，原文の全データを扱うデータベース（これはフルテキストデータベースと呼ばれます）が作成されるようになりました。これには，例えば新聞や雑誌記事，裁判例，特許公報などのデータベースがあります。

2　ここでいう「管理システム」とは第4章4節2項の「データベース管理システム」を指します。
3　IPアドレス認証とは，あらかじめ認証させてある利用者側のコンピュータのIPアドレスを認識する機能です。なおIPアドレスについては第2章2節2項cを参照してください。

　なお，企業内など組織の内部で構築されるデータベースを**インハウスデータベース**と呼びます。これは組織内のネットワークで利用するものであり，ここでいうオンラインデータベースのようにインターネットに接続して使用するデータベースとは区別されます。

（3）主要なデータベース提供機関とデータベースサイト

　ここでは主に国立またはそれに準じる団体のデータベース提供機関を三つ紹介します。これらの機関の作成するデータベースは，ほとんどが無料で公開・提供されています。なお，以下では本来「データベース」というより「**情報検索システム**」[4]といった方がよいものも含まれていますが，切り分けが難しいこともあり，両者を合わせて紹介しています。

a．国立国会図書館（National Diet Library：NDL）

　国立国会図書館は，出版物の収集保存のみならず，データベースの作成にも力を入れています。蔵書をデジタル化して公開する**国立国会図書館デジタルコレクション**，国立国会図書館のみならず，全国のさまざまな機関の蔵書を統合して検索できる**国立国会図書館サーチ（NDLサーチ）**，過去のウェブサイトを検索できる**インターネット資料収集保存事業（WARP）**，日本のデジタルアーカイブを横断検索する**ジャパンサーチ**など，多様なデータベースや情報検索システムを作成し，提供しています。

b．国立研究開発法人科学技術振興機構
（Japan Science and Technology Agency：JST）

　科学技術振興機構のウェブサイト「データベース」のページ[5]ではさまざまな切り口（科学技術論文・論文関連情報・研究関連情報・研究課題ほか）で国内の各種科学技術分野の情報を調査できるように，そのページに多くのデータベースへのリンクを準備しています。代表的なデータベースとして，**J-STAGE**（国内で発行された学術雑誌の記事本文の提供）や**J-GLOBAL**（科学技術情報の総合的な検索データベース）をあげることができます。

c．国立情報学研究所（National Institute of Informatics：NII）

　国立情報学研究所は，**CiNii**をはじめ**KAKEN**，**IRDB**，**NII–REO**などの学術コンテンツのデータベースや情報検索システムを提供しています。CiNiiは，**CiNii Research**（文献，外部連携機関，学術機関リポジトリ等の研究データ，研究プロジェクト情報などを含めて

4　データベースに蓄積された情報を検索するためのシステムを指します。通常一つの情報検索システムで複数のデータベースを検索することができます。

5　"論文・研究/研究者情報のデータベース等を利用したい方"．科学技術振興機構．https://www.jst.go.jp/data/，（参照 2022-11-20）．

検索する総合的な情報検索システム），**CiNii Books**（国内の大学図書館等の総合目録データベース），**CiNii Dissertations**（日本の博士論文のデータベース）という三つのデータベースから構成されています。KAKEN（科学研究費助成事業データベース）は文部科学省および日本学術振興会が交付する科学研究費補助金により行われた研究の採択課題と研究成果報告書，研究成果概要などを搭載した科学研究費助成事業データベースです。IRDB（学術機関リポジトリデータベース）は，国内の学術機関リポジトに蓄積された大学や研究機関の研究成果（学術論文・学位論文・研究紀要・研究報告書・教材など）の横断検索システムです。最後のNII–REO（電子リソースリポジトリ）とは，国立情報学研究所と大学図書館コンソーシアムや出版社との協議・提携に基づき搭載するコンテンツを決定し，大学等教育研究機関に対して，安定的・継続的に電子ジャーナル等の学術コンテンツを提供するものです。

　NIIが提供するデータベースのほとんどは，CiNii Researchで統合検索することができますが，それぞれのデータベースを個別に検索することもできます。

図・表8−1　NIIの学術コンテンツの提供サービス[6]

▌サービス一覧	
CiNii Research	KAKEN - 科学研究費助成事業データベース
CiNii Articles - 日本の論文をさがす	IRDB - 学術機関リポジトリデータベース
CiNii Books - 大学図書館の本をさがす	NII-REO - 電子リソースリポジトリ
CiNii Dissertations - 日本の博士論文をさがす	

＊2022年4月18日，CiNii ArticlesはCiNii Researchに統合されました。このリンクにあるCiNii Articles をクリックするとCiNii Researchのトップ画面につながります。

3．電子出版

（1）電子ジャーナル

　電子ジャーナル（electronic journal／e-journal）についてはすでに何度も触れてきましたが，これは，基本的には，デジタル化された雑誌の本文をインターネットに接続されたパソコンから利用できるようにしたものです。**オンラインジャーナル**（online journal）と呼ばれることもあります。従来の紙媒体による冊子体の雑誌に比べてさまざまな点でメリットがありますので，各大学，研究機関，企業などでは，冊子体の雑誌から電子ジャー

6　国立情報学研究所．"CiNii全般：CiNiiについて"．学術コンテンツサービス サポート．https://support.nii. ac.jp/ja，（参照 2022-11-20）.

ナルに移行せざるを得ない状況になっています。しかし予算面などでデメリットもあり，冊子体の雑誌も収集されています。以下，図・表8−2に電子ジャーナルのメリットとデ

図・表8−2　電子ジャーナルのメリット・デメリット

	メリット	デメリット
機能面・環境面	・速報性がある ・非出版データ（分析データなど）も掲載される ・論文単位で全文を入手できる ・論文をHTMLやPDF[7]で入手できる ・SDI[8]機能がある ・引用文献や著者情報へのリンクがある ・同時に複数論文が利用可能 ・電子ジャーナルでしか提供されない雑誌もある ・図書館に限らず外部からも利用可能	・ブラウジング[9]ができない ・モニターによる目の疲れが出やすい ・停電時には利用できない
契約面・管理面	・冊子体ではないので，管理場所が不要 ・基本的に法人契約のため，IPアドレス認証方式で法人の所属者全員が利用可能 ・未着，欠号がないため，冊子体の場合に必要とされる欠号管理が不要 ・冊子体の場合必要とされる製本[10]作業が不要	・契約費用が毎年増加するため，予算管理が難しい ・出版社ごとに方針や契約形態が異なり，契約が複雑になる ・継続の判断が難しい ・学協会系の雑誌は，大手出版社に吸収されやすく，安定しない。そのこともあり，雑誌の提供元が移行することがある ・契約をやめるとバックナンバー含めて利用できなくなる

7　PDFとはPortable Document Formatの略です，紙に印刷したときの状態をそのまま保存することができる電子文書のファイル形式です。
8　SDIについては，第7章1節6項を参照してください。
9　ブラウジングは，browse（ブラウズ＝拾い読みする）という意味の英単語が元になった用語です。ウェブ閲覧のことを単にブラウジングなどということもありますが，ここでは図書や雑誌をペラペラとめくりながら閲覧することをブラウジングと表現しています。冊子体の雑誌の場合，該当論文だけではなく，その前後に掲載されている論文もブラウジングすることができます。それにより意外な論文や関連情報を見つけることがあります。ところが電子ジャーナルの場合，データベース検索で得られる論文だけがピンポイントで見つかりますが，それだけに上記のように意外な論文を見つけたりするのは難しいのです。なお，図書館などで排架された図書を眺めながら資料を探すこともブラウジングといわれます。検索で見つけた書籍等をピンポイントでみるだけではなく，その書籍の周辺まで閲覧することで，想定外の情報を発見することにつながります。
10　ここでいう製本とは，合綴製本や合冊製本と呼ばれるものであり，冊子体で購入している雑誌を例えば半年分や1年分にまとめるための製本です。雑誌はうすいものが多いので，一冊一冊のままでは紛失しやすく，また，簡易製本なので型が崩れやすいのですが，合綴製本して固い表紙を付けることで，紛失や型崩れが防げ，管理しやすくなります。

メリットをまとめます。

　メリット・デメリットを総合的にみますと，利用者への機能面・環境面のメリットが大きく，一度電子ジャーナルを利用すると，その使いやすさからその後中止することは非常に難しくなります。一方，電子ジャーナルの契約は年度単位で行われ，その価格は毎年上昇する傾向にあります[11]。そのため契約管理部署では，新規契約や継続の判断が悩ましい課題となっています。新しく創刊された雑誌が電子ジャーナルでのみ発行されることや，紙媒体の雑誌が電子ジャーナルへ移行することがあるため，契約担当者は，電子ジャーナル出版の動向に細心の注意を払う必要があります。

（2）電子書籍

　電子書籍（electronic book／e-book）とはデジタルデータ形式の書籍のことです。これは**電子ブック**，**デジタル書籍**，**デジタルブック**，**eブック**などとも呼ばれ，また，その多くがインターネット経由で利用されるものなので，**オンライン書籍**（online book）とも呼ばれます。

　電子書籍には，すでに出版された印刷書籍の情報を電子ファイル化（デジタル化）したものと，はじめからデジタルデータ形式で出版されたものがあります。紙の書籍では不可能だったハイパーリンク・動画・音声・振動（バイブレーション）などを併用したコンテンツも存在します。

　以下，電子書籍の利点を3点例示します。

　　①閲覧用機器1台で多数の書籍を読むことができます。ですから，これを持ち運びするということは，本棚を持ち運んでいるようなものです。これは，紙の書籍に生じる置き場所の問題が電子書籍には生じないことをも意味しています。

　　②文字サイズやフォント，文字や背景の色を変更できるため，高齢者や，視力の弱い人にも読みやすいといえます。

　　③QRコードでアクセス先を示せますので，手持ちのスマートフォンやタブレットでそれを読み込み，その場でアクセスすることが可能です。

　電子書籍はウェブ上で画像やPDFのファイルとして提供されるほか，スマートフォンやタブレット端末などの場合，電子書籍閲覧用のアプリケーションソフト[12]を端末にインストールして読む方法もあります。

11　電子ジャーナルの価格高騰については，例えば朝日新聞2019年07月07日朝刊「学術誌値上げ，大学悲鳴　電子版高騰，研究に支障」という記事で報じられています。この記事では電子ジャーナルが年7～8％とも言われるハイペースで値上げされていることも言及されました。

12　個人端末向けの電子書籍閲覧用のアプリケーションソフトの例として，Amazonの「Kindleアプリ」や紀伊國屋書店の「Kinoppy」，KADOKAWAの「BOOK WALKER」などがあげられます。

4．文献入手

　いずれの図書館も，自館の所蔵資料だけで利用者のニーズに応えきるのは困難です。所蔵していない資料を求められた場合，資料を入手して利用者に提供するための方法がいくつかあります。ここでは図書や雑誌を新たに購入する以外の方法を説明します。

　一つはオープンアクセス資料としてウェブ上に無償で公開されている学術論文など（以下文献と記す）を入手する方法です。特定のウェブサイトや学術機関リポジトリで公開されている文献を検索し，利用者に提供します。

　他方，ウェブ上で公開されていない文献の入手については，図書館の館種によってさまざまです。公共図書館や大学図書館では相互協力が発達しており，古くから**図書館間相互貸借**（Inter-Library Loan：ILL）が行われています。これは，利用者が求めているが所蔵していない資料を，それを所蔵するほかの図書館から借りて，利用者に提供するために行われます。公共図書館や大学図書館，国立国会図書館では雑誌記事は著作権法31条で発行後相当期間を経過した場合は記事全文を複写することが認められているため[13]，通常は求める記事だけを複写して郵送するということがなされます。この場合，厳密には資料の貸借はなされませんが，一般にこれもILLの一形態とされています。

　専門図書館の場合，営利企業に付属するものが多く，利害が絡み，大学図書館や公共図書館のようにILLが発達していませんし，公共図書館や大学図書館などのような複写に関する著作権法上の優遇措置も適用されません。ですから，図書館に利用者が必要とする文献がない場合，一般にILLに頼ることができません。そのため専門図書館では，注文に応じて専門業者が必要な文献を届ける**文献デリバリーサービス**（Document Delivery Service：DDS）を利用します。なおDDSを利用する場合，文献取り寄せ料（業者の手間賃）に著作権料が上乗せされた額が請求されます。オープンアクセス資料として公開されていれば，無料で文献を入手できますので，まずは求める文献が公開されていないかを調査し，見つからない場合は有料でILLやDDSを利用することになります[14]。

（1）J-STAGE[15]

　ここでは，オープンアクセス資料を提供する代表的な文献提供プラットフォーム[16]である科学技術振興機構（JST）の**J-STAGE**を取り上げます。本章2節3項bでも簡単に

13　著作権については，このことも含めて，第3章2節4項で詳しく解説されています。
14　図書館間のILLでも複写料金の実費や資料の郵送料などが発生します。
15　J-STAGEについては「https://www.jstage.jst.go.jp/browse/-char/ja」を参照。
16　ここでは「基盤」の意味でプラットフォームという用語を使用しています。ですから「文献提供プラットフォーム」とは「文献提供の基盤」という意味になります。

触れましたが，これは国内の科学技術情報関係の電子ジャーナル発行を支援するシステムとして構築されたものであり，国内学会や中小出版社の電子ジャーナルをはじめ，学会予稿集[17]・報告書などを総合的に検索できるプラットフォームです。このサイトを利用すれば，国内外の主要な文献の多くを検索でき，入手（ダウンロード）することができます。一部の文献はこれを入手するのに，発行団体が提供する購読者番号とパスワードの入力が求められますが，ほとんどは無料で文献全文のPDFを入手することができます。

（2）ペイパービュー（Pay Per View）方式によるDDS

従来のDDSは利用者の求めに応じ，図書館員が業者に注文して文献を入手するというものでした。しかし現在ではDDSはよりフレキシブルになりつつあります。利用者が雑誌記事や図書の一部分など必要な文献だけを，自身で直接料金を支払い入手（ダウンロード）する**ペイパービュー（Pay Per View）**方式[18]のDDSも提供されるようになってきました。このサービスは，電子ジャーナルの出版社と文献デリバリーサービス業者の両者が提供しています。

a．電子ジャーナルの出版社によるペイパービューサービス

利用契約していない電子ジャーナルの文献を，ペイパービュー方式でダウンロードすることができます。代表的な電子ジャーナルの出版社によるペイパービューサービスの例として，ScienceDirect（Elsevier社）のトランザクション，Wiley Online Library（Wiley–Blackwell社）のトークンなどがあげられます。

b．文献デリバリーサービス業者によるペイパービューサービス

文献デリバリーサービス業者の多くは文献入手のための代行検索サービス[19]も提供しています。そのため，書誌事項が曖昧な文献や出版社のウェブサイトでは入手できなかった文献も，ペイパービューで入手することが可能になります。これによるペイパービューサービスの例としては，ARROW（株式会社サンメディア）やReprints Desk（Reprints-Desk 社）をあげることができます。

---

17 学会など学術的な団体で研究を発表する前に，あらかじめ発表者が提出する原稿を「予稿」といいます。予稿集とはそれらをまとめた資料です。
18 1論文のダウンロードごとに課金する方式です。電子ジャーナルを契約しなくても必要な論文が購入できるため，文献の入手方法として広く普及しています。
19 依頼者のニーズに合わせて，国内外のさまざまなデータベースの検索を代行し，文献を探すサービスです。

5．資料のデジタル化

　近年のICTの進展により，資料のデジタル化（電子化）が比較的容易になり，図書館でもこれが行われるようになりました。ここでは，図書館における資料のデジタル化を取り上げます。なお，この節で記すことは次の第9章の内容につながります。

（1）図書館における資料デジタル化の目的

　図書館資料のデジタル化の目的として，以下の三つをあげることができます[20]。これらはいずれも，資料の提供・利用の促進につながります。
　　a．所蔵資料の公開・利用
　　b．所蔵資料の保存
　　c．ほかの機関や個人が所蔵する資料の収集・提供

a．所蔵資料の公開・利用

　著作権的に問題のない所蔵資料をデジタル化し，公開することによって，これまで時間的・地域的に図書館へのアクセスが難しかった利用者にも，インターネットを通じて資料を提供できるようになり，資料利用の促進を図れます。

b．所蔵資料の保存

　従来は常時の閲覧が難しかった貴重資料や古文書などをデジタル化することにより，資料の保存を図りながらこれを提供することが可能になります。なお，このような資料は，一般に著作権が切れているものが多いので，デジタル化しやすいと言えます。

c．ほかの機関や個人が所蔵する資料の収集・提供

　例えば公共図書館などの場合，図書館が所蔵する地域資料（自治体の行政資料や郷土資料）に限らず，近隣の美術館・博物館・郷土資料館などの所蔵資料や，地域の住民が個人で所蔵する古文書などをデジタル化して収集することにより，利用者に提供する資料の幅を広げることが可能になります。なお，地域資料も著作権的に問題のないものが多く，比較的デジタル化しやすい資料です。

20　大串夏身編著. 最新の技術と図書館サービス. 青弓社, 2007, p.228

（2）デジタル化の現状

　わが国の図書館のデジタル化の取り組みは，1996年の学術審議会『大学図書館における電子図書館的機能の充実・強化について（建議）』[21]や，1998年の国立国会図書館『国立国会図書館電子図書館構想』[22]など，1990年代後半にさかのぼります。その後は公共図書館や専門図書館など，さまざまな図書館が資料のデジタル化に取り組みました。

　公共図書館については，2017年3月に公開された『公立図書館における地域資料サービスに関する実態調査報告書』で，資料のデジタル化に取り組んでいる図書館の割合が示されています。現在地域資料のデジタル化を実施していると回答した公共図書館は，都道府県立図書館で61.7％，市町村立図書館で11.5％です[23]。

（3）デジタル化の方法

　デジタル化の方法は複数ありますので，対象資料と目的に応じて適切な方法を選択することが重要です。デジタル化する際に使用されるデータ形式には，テキスト，静止画像，音声，動画などさまざまなものが考えられますが，ここでは，一般的に図書館で取り組むことが多い，静止画像の作成方法に絞って紹介します。これには，以下の二つの方法があります[24]。

　　a．資料を撮影したフィルムをデジタル化する方法
　　b．資料を直接スキャンしてデジタル化する方法

どちらの方法を用いたとしても，撮影対象となる原資料の破損防止や，撮影環境，使用機器による画質の違い，JPEGやGIFなど各種の画像圧縮方法[25]の特徴や違いなどを意識して資料をデジタル化する必要があります。

a．資料を撮影したフィルムをデジタル化する方法

　図書館では資料保存のため，昔から資料のフィルム撮影が行われてきました。この方法

21　学術審議会．"大学図書館における電子図書館的機能の充実・強化について（建議）"．国立大学図書館協会．1996-07-29．https://www.janul.jp/j/documents/mext/kengi.html，（参照 2022-11-20）．
22　国立国会図書館．国立国会図書館電子図書館構想．国立国会図書館，1998，20p，https://doi.org/10.11501/1000791，（参照 2022-11-20）．
23　全国公共図書館協議会．"2016年度（平成28年度）公立図書館における地域資料サービスに関する実態調査報告書"．東京都立図書館．https://www.library.metro.tokyo.lg.jp/zenkoutou/report/2016/index.html，（参照 2022-11-20）．
24　国立国会図書館関西館電子図書館課．国立国会図書館資料デジタル化の手引．2017年版，国立国会図書館，2017，134p，https://doi.org/10.11501/10341525，（参照 2022-11-20）．
25　画像の圧縮方式については第1章3節5項を参照してください。

だとフィルム（通常はマイクロフィルム[26]）が手元に残ります。このフィルムを元に資料のデジタル画像を作成することができます。また現在でも貴重性が高い資料は，この方法でデジタル化を行うことがあります。

　一度フィルム撮影をしておけば再撮影する必要がないため，原資料を損傷するリスクが少ないことがメリットといえます。ただし古いフィルムには画質が良くないものがあること，新たにフィルム撮影をする場合は撮影とデジタル化両方の作業が必要なため，作業負担が大きく費用も高くなりがちなことがデメリットといえます。

ｂ．資料を直接スキャンしてデジタル化する方法

　少量のデジタル資料を比較的安価に提供・公開するような場合に適した方法だと言えます。通常のスキャナはガラス面に資料を伏せてスキャンしますが，破損する恐れがある場合は，資料を上からスキャンするオーバーヘッドスキャナやデジタルカメラを用いることが望ましいでしょう。また，部屋の明るさや照明の当て方など，スキャン環境にも配慮が必要です。

　作業が一回で済み費用が安価であること，原資料の再現性が高いことなどがメリットといえます。ただしスキャン時に資料を破損する恐れがあることがデメリットといえます。

26　マイクロフィルムとは資料を縮小撮影して保存するための写真フィルムです。貴重資料や古文書，新聞などの原資料を複写保存するため，作成されてきました。マイクロフィルムの画像はマイクロリーダーという専用の機械で閲覧します。

第9章　デジタルアーカイブ

この章ではデジタルアーカイブ（digital archive）について詳しく説明し，その後デジタルアーカイブに関するいくつかの事項に触れます。

なお，前章の最終節である5節「資料のデジタル化」は，位置的にも内容的にも本章へとつながります。

1．デジタルアーカイブとは

アーカイブ（archive）[1]という言葉には，①記録保管所・文書館，②使用する価値を失ったが，歴史文化的価値からの保存すべき記録・文書の意味があります。

ではデジタルアーカイブとは何でしょう。『ASCII.jpデジタル用語辞典』[2]では，デジタルアーカイブは以下のように説明されています。「遺跡，文化財，文書資料などの歴史的遺産や，世界遺産に指定されている自然環境などを，電子媒体での映像，文書に記録し，データベースを作り上げること。電子媒体は経年劣化がなく，永久的に保存することが可能である上，インターネットによって世界に公開できるため，「知のインフラ」とも呼ばれ，各国で導入が進んでいる」。

デジタルアーカイブはその成り立ちにより，次の3種類に分けることができます[3]。

①アーカイブのデジタル化……古文書等，現物があるものをデジタル化したものです。ヨーロッパではデジタルアーカイブをこの意味で捉えることが多いです。

②収蔵物の整理を行いながらのデジタル化……目録が整備されていない，あるいはただ収集されているだけの収蔵物などに対して，これの目録整備とデジタル化を同時に進めるものです（これに対して①の場合は，目録整備は関係ありません）。国内ではこのタイプのデジタルアーカイブを構築する美術館・博物館が多いといえます。

③デジタル化したもののアーカイブ化……散在する対象物をデジタルデータとしてアーカイブ化します。例えば，ゴッホの絵画のように，世界中の美術館などに作品が

1　アーカイブ（archive）はアーカイブズ（archives）と複数形で表記されることも多いですが，ここでは便宜的に単数形を使用します。

2　ASCII.jpデジタル用語辞典. 2019-01-31. https://yougo.ascii.jp/caltar/, （参照 2022-11-20）.

3　笠羽晴夫. デジタルアーカイブ：基点・手法・課題. 水曜社, 2010. p.18.

散在する場合，これをデジタル化したものも散在することになりますが，このような散在するものを集約し統合したアーカイブのことです。①と②は，記録・文書の意味のアーカイブに近いですが，これは文書館の意味のアーカイブに近いといえましょう。

なお，デジタル化するまでもなく，最初からデジタルデータとして誕生した文書，写真，美術作品などもあります。インターネットのウェブサイトも最初からデジタルデータとして誕生したものです。これらの資料は**ボーンデジタル**（**born digital**）と呼ばれています。今後ボーンデジタルのアーカイブをどのように構築するのかが課題であるといわれています[4]。

2．デジタルアーカイブとその横断検索

　欧米を中心として，さまざまな分野・領域のアーカイブ機関が連携し，各機関が保有する多様なデジタルコンテンツのメタデータをまとめてインターネットで検索・閲覧できるシステムが開発されています。その代表的なものとして，欧州連合（EU）の**Europeana**，米国の**DPLA**（**Digital Public Library of America**）があります。

　Europeanaでは，ヨーロッパ各国の図書館・美術館・博物館・フィルムライブラリー・大学・研究機関の所蔵する書籍・絵画・写真・映画などのデジタルアーカイブ群を集約し，連携して利用できるようにしています。そこには「**アグリゲータ**（**aggregator**）」と呼ばれる組織が存在し，コンテンツのメタデータの集約，ポータルサイト[5]での提供，デジタルコンテンツの拡充の推進などの役割を担っています[6]。Europeanaは，各デジタルアーカイブとの連携をはかり，これのメタデータを統合的に検索可能にするものですが，連携にあたっては各アーカイブ機関の専門性，固有性，自律性，多様性を尊重しています。

　米国のDPLAもEuropeana同様，アグリゲータを中核とした連携モデルを採用しています（ただし，DPLAでの名称は「アグリゲータ」ではなく「ハブ」である）。したがって，検索されたメタデータを通じて，さまざまな機関のさまざまなデジタルコンテンツを横断的に見つけることができます。

　一方，日本には，EuropeanaやDPLAと同様なシステムとして**ジャパンサーチ**があります。デジタルアーカイブジャパン推進委員会および実務者検討委員会（事務局：内閣府

4　前掲注3参照。
5　インターネットでウェブ情報を探すときの入り口になるサイト。さまざまな情報源へのリンクや検索機能を備えています。
6　Europeanaのアグリゲータについては，以下の文献で紹介されています。
　時実象一．欧州のナショナル・アグリゲータ．デジタルアーカイブ学会誌．2019, vol.3, no.3, p.353-357, https://doi.org/10.24506/jsda.3.3_353,（参照 2022-11-20）.

知的財産戦略推進事務局）が方針をたて，この方針のもと，国立国会図書館がシステム運営を担当しています。ジャパンサーチでは図書館・博物館・美術館・公文書館・大学・研究機関・官庁・地方自治体等の機関のデジタルアーカイブが連携し，書籍・公文書・文化財・美術・人文学・自然史/理工学・学術資産・放送番組・映画など多岐にわたる分野のコンテンツを提供しています。利用者は各デジタルアーカイブのメタデータをまとめて検索でき，それゆえ各デジタルアーカイブのコンテンツを横断的に発見できるので，これの利用可能性が広がります。

3．デジタルアーカイブの特長と効果

デジタルアーカイブの特長と期待される効果について4点記します。

a．貴重資料の破損・劣化防止[7]

貴重資料（主に古典籍や古文書など）は破損や汚損のおそれがあるため，容易に閲覧・複写・撮影等に提供することができません。資料をデジタル化してそちらを優先的に提供することにより，現物を利用する回数が減らせます。そのため，貴重資料の現物をより良好な状態で保存することができます。

b．新しいコンテンツづくり

デジタル資料は加工および編集が自由に行えるので，これを組み合わせたり，これに解説や注釈を加えたり，音声を付けたりして，新しいコンテンツを比較的容易に作成することができます。例えば，米国では同国の歴史資料のデジタルアーカイブであるアメリカンメモリーに蓄積されたデジタル資料を利用して，学校教育の教材が開発されました。

c．時間的，地理的な制約を超えた資料提供[8]

デジタル化された資料は，インターネットにより不特定多数の人に時間的・地理的な制約を越えて提供することができます。ですから，例えば自宅にいながらにして，いつでも欧州のEuropeanaや米国のDPLAを通じてデジタル資料を閲覧することができます。

d．さまざまな角度からの資料検索

適切なメタデータの付与により，さまざまな角度から資料の検索が行えます。このことによって，資料を新たな切り口から見ることも可能となり，資料の新たな活用につなげて

7　ここに記されていることについては，第8章5節1項bをも参照してください。
8　ここに記されていることについては，第8章5節1項aをも参照してください。

いくことができます。例えば，東日本大震災の記録を小学校での防災教育プログラムに活用する試みなどが行われています[9]。

4．デジタルアーカイブの構築とその技術

（1）デジタルアーカイブの構築方法

　デジタルアーカイブは，デジタル化した資料を単純にインターネットで公開するだけでは成立しません。デジタルアーカイブをどのように構築し，共有・活用していくかについて，デジタルアーカイブの連携に関する関係省庁等連絡会・実務者協議会（事務局：内閣府知的財産戦略推進事務局）は2017年4月に『デジタルアーカイブの構築・共有・活用ガイドライン』[10]を公開し，その基本的な考え方を示しました。その中で，以下の三つの要素に分けてデジタルアーカイブの構築方法を述べています。ここではそれらを要約して紹介します。

ａ．デジタルアーカイブの整備に当たって

　ここではメタデータの整備，**サムネイル**[11]やプレビューの作成，デジタルコンテンツの作成・収集，長期アクセスの保証の4点が説明されています。メタデータは書籍や美術作品など分野によって記述の仕方が異なるものもありますが，共有・公開を目的とする場合は，基本的には複雑にせずシンプルで一貫した記述がよいとされています。

ｂ．データを共有するに当たって

　ここでは作成・保有するデジタル情報資源について，二次利用の条件も含めてどのように公開し提供していくかについて，その考え方が説明されています。ただし，著作権保護期間が満了しており，個人のプライバシー等を侵害する恐れがないコンテンツについては，可能な限り**オープンデータ**[12]として公開することが望ましいとも述べられています。

9　桜井愛子，佐藤健，北浦早苗，村山良之，柴山明寛．津波記録を活用した被災地の学校での防災教育：災害伝承と命を守る防災教育の推進に向けて．防災教育学研究，2020，vol.1，no.1，p.53-64．https://doi.org/10.51004/rjde.1.1_53，（参照 2023-01-04）．

10　ガイドラインの全文は以下のURLで公開されています（https://www.kantei.go.jp/jp/singi/titeki2/digital archive_kyougikai/guideline.pdf（参照 2022-09-07））．

11　英語で「thumbnail（親指の爪）」を意味する単語。検索結果として表示する小さな画像を指します。サムネイルを表示させると，データの詳細を開かずとも，ある程度内容が確認できます。

12　「機械判読に適したデータ形式」かつ「二次利用が可能な利用ルール」で公開されたデータのこと。

ｃ．データを活用するに当たって

　ここではデータの活用方法とその留意点が説明されます。例えば，異なる提供機関が提供するメタデータを地理情報・時間情報・人物情報などで関連付ければ，観光客に役立つアプリの作成や，小説や漫画に出てくるスポットの名称と作品名を示すアプリも作成できます。また，メタデータを英語などの外国語に訳すなど付加価値情報を付けることもできます。そしてデータの活用者は，自身が与えた関連付けや付加価値情報を，SNSなどで積極的に発信するほか，データを作成した機関にも情報を還元することが望ましいとされています。

（２）デジタルアーカイブを推進するために必要な知識と技術

　美術館・博物館などの歴史的・文化的遺産を対象とするものだけではなく，企業・自治体の持つ調査統計データ，設計図，特許，計画地図，大量の実測データなどを対象とするデジタルアーカイブも構築されています。

　デジタルアーカイブに携わる人材は**デジタルアーキビスト**などと呼ばれています。デジタルアーキビストには「文化・産業資源等の対象を理解し，著作権・肖像権・プライバシー等の権利処理を行い，デジタル化の知識と技能を持ち，収集・管理・保護・活用・創造を担当できる」[13]ことが期待されており，その育成が課題になっています。こうした人材が今後デジタルアーカイブを推進し活躍していくために必要な知識と技術について，以下，日本デジタルアーキビスト資格認定機構があげる，デジタルアーキビストに求められる三つの能力[14]を参考に見ていきましょう。

ａ．文化の理解

　デジタルアーカイブの構築の対象となりうるものに対し，収集する各資料の文化的価値を判断し，これを選定する必要があります，そのため，上述したデジタルアーキビストを目指す人材には，歴史や社会的な背景を理解した上で，対象の資料について評価する能力が求められます。また，デジタルアーカイブの流通（共有），利活用が進むことによって，デジタル文化が醸成されていくことになり，従来にはなかった新しい時代の視点からの評価能力も必要になってきます。

---

13 "デジタルアーキビストとは". 日本デジタルアーキビスト資格認定機構. https://jdaa.jp/digital-archivist，（参照 2022-11-20）.
14 "求められる３つの能力". 日本デジタルアーキビスト資格認定機構. https://jdaa.jp/digital-archivist/ability-requirements，（参照 2022-11-20）.

b．デジタル化の技術とメタデータの付与

　デジタルアーカイブの構築には，資料の収集・デジタル化・記録・管理・流通・利活用の段階があり，これらに対応する多様な情報活用能力が求められます。例えば，IIIF（トリプルアイエフ）[15]に対応して資料をデジタル化するなど，デジタルアーカイブにおける国際標準的な仕様を理解する必要がありますし，検索が行えるように二次情報やメタデータを付与する能力も求められます。

　適切な仕様でデジタル化とメタデータ付与が行われた資料は，他機関のデジタルアーカイブともデータ共有が可能となり，より多くの人に資料を提供する機会が確保されます[16]。

c．法と倫理

　デジタルアーカイブを構築し，利用可能にするためには，対象資料を選別しデジタル化するほか，著作権や個人情報・プライバシー・所有権等の問題を解決しクリアにすることが求められます。また，法律の制定や改正などに注意を払い，最新の情報を把握する必要があります。

5．国立国会図書館のサービス

　ジャパンサーチについてはすでに説明しているので，ここではこれ以外のサービスについて触れます。具体的には，「国立国会図書館デジタルコレクション」と「国立国会図書館インターネット資料収集保存事業（WARP）」について記すと共に，厳密にはデジタルアーカイブに関するサービスではありませんが，「国立国会図書館サーチ」についても記します。

a．国立国会図書館デジタルコレクション

　国立国会図書館も古くからデジタルアーカイブの構築に取り組んできました。1998年に「ディジタル貴重書展」で古典籍資料（貴重書等）の画像提供を開始し，「近代デジタルライブラリー」（2002年）や，「児童書デジタルライブラリー」（2003年），「国立国会図書館デジタル化資料」（2011年）などを公開しました。これらのデジタルアーカイブは，

15　IIIFとはInternational Image Interoperability Frameworkの略。デジタルアーカイブに収録されている画像を中心とするデジタル化資料を世界中のさまざまな機関で効率的に共有し，かつアクセス可能とするための国際的な枠組みです。

16　例えば国立国会図書館は，各機関が特性に応じた適切なメタデータの作成や流通経路の選択が行えるよう，『メタデータ流通ガイドライン』を公開しています（https://iss.ndl.go.jp/information/guideline/（参照2022-09-07））。

現在は「**国立国会図書館デジタルコレクション**」に統合されています[17]。なお，国立国会図書館はウェブサイトのアーカイブも構築していますが，これについては次のbで取り上げます。

「国立国会図書館デジタルコレクション」では著作権が切れている資料などをインターネット公開するほか，絶版などで入手困難な資料を，図書館向けデジタル化資料送信サービスに参加している図書館や，国立国会図書館の登録利用者である個人（日本国内居住者限定）に向けて送信しています。図書館向けデジタル化資料送信サービスや個人向けデジタル化資料送信サービスは，割り当てられたIDとパスワードでログインすると，資料のデジタル画像を閲覧・印刷できるという仕組みです。

2022年6月現在の著作権法では，著作権保護期間内の絶版等資料をインターネット上で送信できる機関は国立国会図書館に限られますが，そのほかの図書館も国立国会図書館未所蔵の資料をデジタル化し，国立国会図書館にデータ提供することで，「国立国会図書館デジタルコレクション」から資料を送信することができます[18]。

図・表9-1　国立国会図書館デジタルコレクションのトップページ[19]

17　国立国会図書館. "国立国会図書館デジタルコレクションの歩み". 国立国会図書館デジタルコレクション. https://dl.ndl.go.jp/ja/history.html, （参照 2022-11-20）.

18　国立国会図書館. "国立国会図書館デジタルコレクションについて＞他機関デジタル化資料". 国立国会図書館デジタルコレクション. https://dl.ndl.go.jp/ja/intro.html#idx4-1-16, （参照 2022-11-20）.

19　国立国会図書館. 国立国会図書館デジタルコレクション. https://dl.ndl.go.jp/, （参照 2023-01-10）.

ｂ．国立国会図書館インターネット資料収集保存事業（WARP）

　インターネット上には数多くの有用な情報資源が公開されていますが，多くは頻繁に更新・削除され，日々情報が失われていきます。こうした状況を防ぐために，国立国会図書館は2003年より国内のウェブサイトを収集・保存・提供する「**国立国会図書館インターネット資料収集保存事業（WARP）**」を開始しました。収集対象は主に国の機関，地方自治体，独立行政法人，国公立大学などの公的機関のウェブサイトです。民間機関では公益法人，私立大学，政党，国際的・文化的イベント，東日本大震災に関するウェブサイト，電子雑誌などを中心に，発信者の許諾を得られたウェブサイトです。

　収集頻度は機関により異なります。例えば，国立国会図書館のウェブサイトは毎月情報を収集することになっています。利用者は過去の年月日を指定することにより，その日のウェブサイトの内容を確認することができます。

ｃ．国立国会図書館サーチ（NDLサーチ）

　国立国会図書館は，公共図書館や大学図書館などの機関が個々に作成したデジタルアー

図・表9－2　WARPに保存された国立国会図書館のウェブサイト[20]

20　国立国会図書館．"国立国会図書館 詳細画面"．国立国会図書館インターネット資料収集保存事業（WARP）．https://warp.ndl.go.jp/waid/280，（参照 2022-11-20）．

カイブをも横断的に検索できるポータルサイトの構築も行っています。2007年には「国立国会図書館デジタルアーカイブポータル（PORTA）」，その後2012年に「**国立国会図書館サーチ（NDLサーチ）**」を稼働させました。国立国会図書館サーチではPORTAのほか，国立国会図書館が作成してきた全国新聞総合目録や児童書総合目録なども統合し，より幅広い情報を検索対象にしています。例えば，先に説明した国立国会図書館デジタルコレクションやWARPなども検索することができます。これはほかの図書館等の目録検索システムやデジタルアーカイブとも積極的に連携し，現在も検索対象を増やしています[21]。

図・表9-3　国立国会図書館サーチ（NDLサーチ）のトップページ[22]

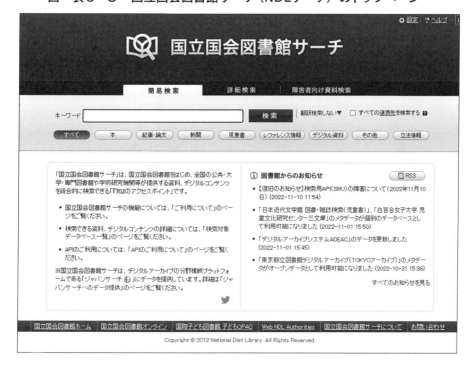

6．国立公文書館のサービス

　国立公文書館では，「**国立公文書館デジタルアーカイブ**」というサイトを構築しています。ここでは，各府省などから移管された公文書約150万冊分と内閣文庫の資料は約50万冊分の画像を含むデジタルコンテンツを見ることができます。毎年資料の目録が作成され，それに伴い資料もデジタル化されていくので，その収録件数は徐々に増加しています。

21　国立国会図書館．"検索対象データベース一覧"．国立国会図書館サーチ．https://iss.ndl.go.jp/information/function/target/．（参照 2022-11-20）．
22　国立国会図書館．国立国会図書館サーチ．https://iss.ndl.go.jp/，（参照 2022-11-20）．

図・表9-4　国立公文書館デジタルアーカイブのトップページ[23]

　国立公文書館デジタルアーカイブの収録資料には，重要文化財や大判資料（例えば国絵図），歴史を彩る絵巻物などの重要資料，「日本国憲法」や「終戦の詔書」などの御署名原本[24]，「民撰議院設立建白書」「全国主要都市戦災概況図」なども含まれています。資料は，行政文書，司法文書，法人文書，寄贈・寄託文書，内閣文庫というように，資料群ごとにまとめられています。キーワード検索や詳細検索画面では，各資料群の階層構造を使って細かく探すこともできます。複数の自治体の公文書館と連携しているので，ここも含めた横断検索が可能です。

　また国立公文書館が運営する**アジア歴史資料センター**は，国立公文書館，外務省外交史料館，防衛省防衛研究所から歴史的公文書の提供を受け，これをデジタルアーカイブ化し，公開しています。このデジタルアーカイブは，日本だけでなく世界中の日本・アジア近現代史の研究者に利用されています。

23　国立公文書館. 国立公文書館デジタルアーカイブ. https://www.digital.archives.go.jp/,（参照 2022-11-20）.
24　「御署名原本」とは，憲法や法律などを公布する際に，天皇が御名（天皇の署名）・御璽（天皇の印）を付した文書の原本です。

7. デジタルアーカイブによる地域活性化

　デジタルアーカイブは地域活性化にも重要な役割を果たします。地域を活性化するためには，その魅力を広く発信する必要がありますが，地域に残る古文書，地域にある神社仏閣や美術館・博物館の所蔵する美術工芸品・文化財，地域に伝わる郷土食や特産品などをデジタルアーカイビングし，市町村のサイトなどで公開することは，地域の魅力を伝えるための有効な手段と言えます。

　これらのデジタルアーカイブの構築には図書館だけでなく，自治体・地域の商工会議所・大学・NPO・歴史資料を所有する地域住民など，さまざまな個人や団体の協力・連携が必要になります。

　地域の資料をデジタル化してその魅力を発信し，利活用を促した事例として，大阪市立図書館の取り組みがあげられます。大阪市立図書館のウェブページ「オープンデータ利活用事例の紹介」[25]では，大阪市立図書館デジタルアーカイブで公開した写真が，地元企業が開発したレトルトカレーのパッケージに活用された事例などが紹介されています。

25　大阪市立図書館. "オープンデータ利活用事例の紹介". https://www.oml.city.osaka.lg.jp/index.php?page_id=1636.（参照 2023-01-10）.

第10章　情報検索の理論と方法

　この章では情報検索に関する基本的な事項について説明します。

　情報検索（information retrieval）とは，主にコンピュータを使用してウェブやデータベース・情報検索システムで情報を探し出すことを指しますが，広い意味では冊子体の辞書や事典，索引などを引くことも含まれます。情報検索とは言い換えれば求める情報を探し出す行為そのものです。

　情報検索は本書で紹介してきた情報技術と密接に関連するものであり，情報検索の技術は図書館員（司書）であれば必ず身に付けておかねばならないものです。例えばレファレンスサービスを行う際には，この技術がきわめて重要になります。またこの技術は，図書館員だけでなく，現代の情報化社会を生き抜くために，誰にとっても重要なものであることを付け加えておきます。

1．情報資源とデータベース

（1）一次情報・二次情報

　情報には一次情報と二次情報があります。**一次情報**（primary information）とは新規性や独創性を持つオリジナルの情報です。図書・雑誌記事・新聞記事・テクニカルレポート（技術報告書）[1]・学会などの会議資料[2]・学位論文・規格資料・特許資料など，専門的な研究活動等の成果として公開されているものをいいます[3]。

　一次情報として，一般には，図書・雑誌記事・新聞記事が使用されることが多いです。しかし，図書や雑誌記事は出版されるまで時間がかかるため，研究の現場では速報性のある会議資料も使用されます。また製品開発の現場では，テクニカルレポート・規格資料・

1　政府や大学，企業，学会などの専門研究機関において，その調査研究や委託研究の報告書として作成された資料。
2　学協会や研究者グループなどが開催した，学術会議での発表の内容や概要を記録した資料。
3　ここでは一次情報と記しましたが，厳密にはこれらは一次情報そのものではなく，これを含むものであり，このようなものは一次文献（もしくは一次資料）と呼ばれています。以降も厳密には文献というべき場合であっても，便宜的に情報という言葉を用います。

特許資料も使用されます。

　これに対して，**二次情報**（secondary information）は一次情報に基づく情報のことです。これには一次情報を加工した辞典・事典類や，これについての書誌情報を編集した書誌・目録・索引誌・抄録誌などがあります[4]。本章では二次情報は，主に後者を意識して記されていますが，これは一次情報を見つけるために作成されるものです

（2）データベース

　第4章4節3項では，データベースを機能から分類し，同章5節ではこれを構造に基づいて分類しました。これに対してここでは，データベースに蓄積されている情報（コンテンツ）に着目して，上述の一次情報を蓄積している**一次情報データベース**と二次情報を蓄積している**二次情報データベース**に分けることにします。前者のデータベースで扱われる一次情報には，文字形式のもののほか，画像，音声，映像形式のものなどがあります。現代では，雑誌は冊子体ではなく，電子ジャーナルの形式を取ることが多くなり，それに伴って，論文の全文を蓄積する一次情報データベース（なお，このようなものは全文データベースやフルテキストデータベースと呼ばれます）が増えてきました。二次情報データベースとしては，書誌情報を蓄積した書誌データベースをあげることができます。これは二次情報データベースを代表するものであり，求める一次情報を検索するために，1950年代から使用されてきました。

２．情報検索の仕組み

　情報検索の仕組みは，データベースが作成された1950年代から時代を経て変遷してきました。初期は逐次検索が行われ，その後索引検索が主流となり，その後全文検索が現れました。また，近年は類似検索も利用されるようになりました。

　なお，以下では原則として，書誌レコード[5]を検索するための書誌データベースを前提にして記しています。

（1）逐次検索

　逐次検索はコンピュータによる情報検索が始まった1950年代の仕組みで，**grep型検索**ともいいます。これはデータベースに蓄積されたレコードをその先頭から順に読んで行き

4　ここでも，便宜的に本来二次文献（もしくは二次資料）と呼ばれるものを二次情報とみなしています。
5　レコードについては第4章4節2項aの脚注2を参照してください。

検索語（検索のために入力する語）に一致する**索引語**（各レコードに付与された検索の鍵となる語）を含むレコードを検索するという方法です。この方法にはレコード量（データ量）が増加すれば検索に時間がかかるという欠点があります。

（2）索引検索

　データ量が増えても迅速に検索できる手法として考えられたのが索引ファイルを使用した索引検索です。1960年代後半から現在まで非常に多くの書誌データベースで用いられており，情報検索の歴史上最も重要な検索方法だといえます。逐次検索にせよ，索引検索にせよ，実は検索語が索引語として含まれるレコードを検索するのに変わりはないのですが，索引検索では，検索対象データベースの各レコードから索引語を抽出して，アルファベット順や五十音順の**索引ファイル**を作成します。この点が大きな特徴といえます。

図・表10－1　索引ファイルを使用した検索の仕組み[6]

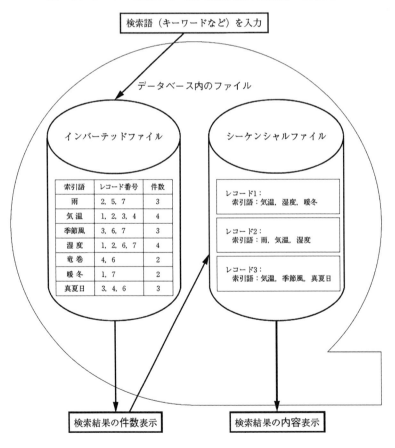

6　原田智子．"1章　情報検索"．検索スキルをみがく：検索技術者検定3級公式テキスト．原田智子編著．第2版，樹村房，2020，p.13．1－5図．

索引検索のしくみは図・表10-1のとおりです。データベースの中には**シーケンシャルファイル**（sequential file：順編成ファイル）と**インバーテッドファイル**（inverted file：転置ファイル）が存在します。

シーケンシャルファイルは書誌事項・抄録・キーワードなどをレコード単位で収録し，各レコードにレコード番号を付与しています。

インバーテッドファイルは索引語を収録し，シーケンシャルファイル内でその語が出てくるレコード番号とレコード件数をそれぞれ記録します。

入力された検索語は，はじめにインバーテッドファイルの索引語と照合されます。図・表10-1を例にすると，「竜巻」という検索語を用いた場合，レコード番号は4と6，件数は2件ということになります。その後シーケンシャルファイルのレコード番号4と6のデータを表示すれば，書誌事項などの詳しい情報を確認することができます。

インバーテッドファイルは図書などの巻末に付けられた索引と同じ役割を果たします。前項の逐次検索を図書の冒頭から順番にページをめくり，求める言葉を探す行為とすれば，索引検索は本の巻末索引で言葉を探して指定されたページを開く行為と言えます。そのため索引検索の方が，早く検索することができるのです。

（3）全文検索

1950年代後半から現在まで，非常に多くの書誌データベースが作成されてきましたが，その一方で，コンピュータの処理容量や速度が飛躍的に大きくなり，1980年代終わりには全文データベース（フルテキストデータベース）も構築されるようになりました。既述のように，電子ジャーナルにおける検索がこの例にあたります。**全文検索**というのは書誌レコードに含まれる語だけでなく，全文データベースに収録された本文のすべての語を検索の対象とするものです。その仕組みには色々なものがあり，例えば指定した文字数を重複させながらずらして逐次検索する**Nグラム法**があげられます。Nグラム法はあらかじめ決められた文字数で索引語が切り出されているので，逐次検索よりも早く検索することができます。2文字単位で切り出すときはバイグラム，3文字単位で切り出すときはトリグ

図・表10-2　トリグラムの切り出し例

```
私は図書館に行く
私は図
  は図書
    図書館
      書館に
        館に行
          に行く
```

ラムと呼ばれます。

（4）類似検索

　逐次検索や索引検索では，検索語と同じ索引語を持つレコードを検索していました。これらの方法では，検索語と索引語が一致するレコードを検索要求に適合するレコードとし，そのほかのレコードを適合しないレコードとしていました。つまり，二分法的に判断していたのです。

　しかしながら，検索要求にまったく適合する（まったく類似している），ある程度適合する（ある程度類似する），少し適合する（少し類似する），あまり適合しない（あまり類似しない）というように，さまざまな適合（類似）具合のレコードがあるという考え方も成立します。このような考え方に基づいて，適合度の高いレコードから順に出力するという検索方法が考え出されました。この検索方法を**類似検索**といいます。これは概念検索や連想検索などと呼ばれることもあります。類似検索はサーチエンジンでも使用される検索方法です。なお，ここで記した出力方法は適合度順出力（**ランキング出力**）と呼ばれます。

　類似検索の仕組みについては，ここでは詳しく説明しませんが，ベクトル空間を利用するもの，確率論を利用するものなどがあります。なお，類似検索では，サーチエンジンの例からわかるように，検索したいものに含まれていそうな語を思いつくままに入力したり，検索したいことを文章化したものを入力したりすることで検索が行われます。

3．情報検索の技術

　類似検索では面白い結果が出ることもありますが，まったく関係のないものも多く検索されます。必要となる文献を網羅的かつ正確に検索したい場合など，厳密な検索が要求される場合には，あまり向きません。そのような場合には，従来の索引検索の方法が使用されます。その際には，論理演算・近接演算・トランケーションといったさまざまな検索の技術が駆使されることが多いです。なおここで説明する検索の技術はデータベース・情報検索システムと検索フィールド（検索項目）により利用可能な場合とそうでない場合があります。利用する前に，必ずヘルプやマニュアルで確認するようにしましょう。

（1）論理演算

　コンピュータによる情報検索では，複数の検索語を入力した場合，それぞれの言葉による検索結果の集合を作り，言葉の関係を論理演算で指定します。そのために**論理演算子**

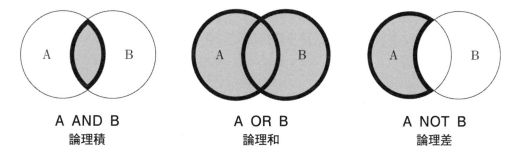

図・表10-3　論理演算子

論理演算子（logical operator）[7]を使用します。論理演算子にはAND・OR・NOTがあり、これらはそれぞれ、**論理積・論理和・論理差**を求めるものです。以下、それぞれの論理演算子について説明しますので、図・表10-3を参照しながら読み進めてください。なお、この図のように複数の集合関係や範囲を図式化したものを**ベン図**または**ベン図式**（venn diagram）といいます。

　Aという検索語とBという検索語を含む情報を検索する場合には論理積を使用し、「A AND B」と入力します。例えば、書誌データベースで小学生を対象にしたインフルエンザの予防に関する論文を探す場合、「小学生 AND インフルエンザ AND 予防」と入力します。なお、このように検索語を論理演算子でつないだものを**検索式**といいます。

　AまたはBというように、検索語の少なくともどちらか一方を含む情報を検索したい場合には論理和を使用し、「A OR B」と入力します。例えば書誌データベースで「動物園または水族館」についての論文を探す場合、「動物園 OR 水族館」と入力します。

　Aという検索語は含むがBという検索語は含まないものを検索したい場合には論理差を使用し、「A NOT B」と入力します。AND演算、OR演算ではAとBの順序はどちらが先でも同じ結果ですが、「A NOT B」と「B NOT A」ではまったく異なる検索をしていることに注意してください。さらに図・表10-3からわかるように、NOTの結果は「A AND B」に相当する部分、つまりAとBの両方の検索語を含む情報が除外されてしまうことになります。「北海道以外の地域の山岳遭難についての報告書がほしい」という目的の場合、「山岳遭難 NOT 北海道」と検索してしまうと（つまり、「山岳遭難」という語を含むもののうち、北海道という語を含まないものを検索すると）、「北海道と東北地方の山岳遭難についての報告書」をも除外してしまうことになるため、参考になる重要な論文を十分に見つけられないことが起こります。実務上でもNOT演算はできるだけ使わず、別

7　ブール演算子（boolian operator）ともいいます。

の方法を工夫します。

　論理演算子は組み合わせて使用することもできます。例えば「動物園や水族館での実演ショー」という場合，「(動物園 OR 水族館) AND 実演ショー」というように，ORとANDを組み合わせて使用することが考えられます。

　なお，ここでは論理演算子を半角大文字で記し，論理演算子と検索語の間に半角スペースを入れましたが，データベース・情報検索システムによって論理演算子の表現方法やスペースの入れ方が異なりますので注意が必要です。論理演算子を小文字で表現したり，記号（例えば，ANDの代わりに*という記号）で表現したりすることもあります。

（2）近接演算

　近接演算は論理演算のAND（論理積）に使用する検索語の位置関係を指定し，より厳密な検索を行う演算です。その際に使用する演算子を**近接演算子**（proximity operator）といいます。ただし，データベース・情報検索システムによっては近接演算ができないものもありますので，マニュアルを参照して確認してください。

　近接演算子は，利用するデータベース・情報検索システムによって異なりますが，ここではCAS STNextという情報検索システムを例に使用して説明します。使用できる近接演算子の使い方の一部を図・表10‐4にまとめていますので，参照しつつ読み進めてください。

　2つの検索語をAND（論理積）検索すれば，通常は両者の現れる位置に関係なく，両者が含まれるレコードをすべて検索します。ですから「information retrieval」（情報検索）について探すのであれば，この2語が入力の順番のまま隣接するものを検索するように指定する必要があります。この場合，CAS STNextでは「information (W) retrieval」と

図・表10‐4　CAS STNextの近接演算子（一部）

STNシステム例	検索対象
information (W) retrieval	二つのwordが，この順序で前後関係にあるもの
electric (2W) journal	0～指定数のwordが間に入っているもの
computer (A) network	順序に関係なく二つのwordが前後関係にあるもの
PET (5A) recycling	順序関係なく0～指定数のwordが間に入っているもの
terephtalic acid (S) ethylene glycol	同一文中に二つのwordが存在するもの
knowledge management (P) Network system	同一段落中に二つのwordが存在するもの
patent (L) fulltext search	同一情報単位内に二つのwordが存在するもの

いうように，2語の間に（W）をいれます。また2語の順番が変わっても同様に隣接しているものを検索する場合は（A）を用います。なお，検索語2語の間に別の単語が3語まで入ってもよいとするなら（3W）とし，語順が変わってもよいので3語まで入ってよい場合は（3A）とします。そのほか，同一文中に複数個の検索語が存在するレコードを検索する場合は，それらの検索語を（S）という記号でつなげて入力し，同一段落中の場合は（P），同一情報単位内[8]の場合は（L）という記号でつなげて入力します。

　日本語で科学技術分野の文献情報が検索できる情報検索システムであるJDreamⅢでも，CAS STNextと同様に近接演算子を利用することができます。ただし日本語は英語のように単語間にスペースがなく，単語数を指定することができません。そこで日本語の場合，近接演算子に用いる数字は，検索語の間に入る文字数（句読点なども数えます）を示します。例えば，「情報（4W）システム」なら，「情報」と「システム」の間に4文字まで入ってもよいという指定になり，「情報システム」「情報とシステム」「情報検索システム」「情報分析評価システム」「情報サービスシステム」などが検索されます。また，「課題（2A）ロボット」なら「課題」と「ロボット」の語順を問わず間に2文字まで入ってもよいという指定になり，「課題解決ロボット」「ロボットの課題」「ロボット研究課題」などが検索されます。このように検索対象の言語により近接演算子の働き方が異なりますので注意が必要です。

　近接演算子を使う検索と類似した結果をもたらすものに**フレーズ検索**があるので，ここではこれについても触れておきます。熟語（フレーズ）をそのまま検索したい場合，“ ”（ダブルクォーテーション，二重引用符）で囲んで入力することで検索ができます。このダブルクォーテーションを用いたフレーズ検索はCAS STNextやJDreamⅢといった専門的な情報検索システムのほか，Googleなどのサーチエンジンでも使用することができます。

　近接演算で取り上げた事例の場合，“information retrieval”のように入力します。これは近接演算子（図・表10－4の例では（W）を使用）を使っても同じ検索結果になります。ほかに“tea or coffee?”や“bread and butter”あるいは“on the job training”などのように熟語や決まり文句をそのまま検索したい場合に有用な検索方法です。

（3）トランケーション

　入力した検索語の文字列に完全に一致する語だけを検索する場合[9]，これを**完全一致検**

索といい，入力した検索語を文字列の一部分として含む語を検索する場合，これを**部分一致検索**，あるいは**トランケーション（truncation）**といいます。トランケーションは前節の近接演算とは逆で，同義語や表記ゆれ，英語の単数形・複数形などをまとめて多くの検索結果を得るのに適した技術です。複数の単語を論理演算でOR（論理和）検索するのと同様の検索結果が得られます。

トランケーションは**前方一致，後方一致，中間一致（部分一致），中間任意（前後一致）**の4種類を使い分けられ，単語のどの部分を一致させるかが指定されます。図・表10-5では，前項と同様にCAS STNextを例に使用します。以下，この図・表の例を元に上述の4種類について説明します。

英語で語尾のスペルが違う単語，例えば"centre"と"center"を検索する場合には，前方一致機能を使用して，最初から"cent"までが一致している語を検索することが考えられます。また，語尾に"graphy"が付く語を検索する場合には，後方一致機能を使用することが考えられ，"semiproduction""reproductive"など，語の中に"product"を含む語を検索する場合には，中間一致機能を使用することが考えられます。また化合物名称でよく似たスペルの場合，そのうちの一部が異なる単語，例えば"sulfonyl""sulfinyl""sulfuryl"などを検索する場合，中間任意機能を使用して"sulf"と"yl"の部分が一致している語を検索することができます。

図・表10-5　CAS STNextのトランケーション

	STNでの例	検索対象となる語
前方一致 right hand truncation	cataly?	catalyst, catalysis, catalytical, catalyzation 　　　　　　　　　　（?は何文字でもあってよい）
	rat#	rat, rats　　　　　（#は1文字あってもなくてもよい）
	toxic###	toxic, toxicity　　　　　（3文字まであってもよい） ※toxicologyはヒットしない
	cent!!	center, centre　　　　　（!の数だけ文字必須） ※centsやcentimentalやcenteringはヒットしない
中間一致 right hand and left hand truncation	?product?	semi-production, reproductive, unproductive, key-products
後方一致 left hand truncation	?graphy	autography, biography, thermography, computergraphy, nano-graphy
中間任意 前後一致	sulf!!yl	sulfonyl, sulfinyl, sulfuryl
	wom!n	woman, women

　トランケーションは英語のように単語間をスペースで区切り，また単数形・複数形など語尾変化を起こす言語を検索するための技術です。そのため，日本語のように文頭から文末までがひとつながりになる言語にそのまま適応させることは困難です。日本語の場合はレコード中の言葉を中間一致で検索することが基本になりますが，辞書データベースなどには，見出しとなる言葉に対し，前方一致や後方一致を指定する機能を持つものもあります。

　また記号ではなく，**ドロップダウンリスト**（選択肢が下に展開するリスト）を用いてトランケーションを指定させるものもあります。その場合，検索窓の横に表示されているリストから「で始まる（前方一致）」「を含む（中間一致）」「で終わる（後方一致）」などを選択します。

　なお，上にあげたトランケーションの機能がすべて使えるかどうかは，データベース・情報検索システムに依存します。同じ働きでも違う記号の使用が求められる場合や，中間任意が指定できない場合などがあります。

4．精度（適合率）と再現率：検索結果の評価指標

　検索結果は多くの場合，**精度**（precision ratio）と**再現率**（recall ratio）という観点から評価されます。

　精度（適合率ともいう）とは検索の正確性を示す指標で，実際に検索されたレコード件数のうち検索要求に適合するレコード件数の比率を，パーセンテージで示したものです。これが高いほど精度が高いといいます。なお，検索されたレコードのうち適合しなかったレコード（検索要求に合致しないもの）を**ノイズ**といいます。したがって，精度が高いとノイズは減少します。

　再現率とは網羅性を示す指標で，データベース中に存在する検索要求に適合するレコード件数のうち実際に検索された適合するレコード件数の比率を，パーセンテージで示したものです。これが高いほど再現率が高いといいます。なお，検索されなかった適合レコードは**検索モレ**（もしくは単にモレ）といいます。したがって，再現率が高いと検索モレは減少します[10]。

　精度，再現率共に高いほうがよいのですが，あいにく両者は相反する傾向にあります。精度を上げるために絞り込み（検索結果の件数を減らして適合するレコードの比率を大きくすること）を行うと，必要な適合レコードがモレて再現率が低下しかねません。片や，検索語に類義語まで含めて広く検索し，再現率を上げようとすると，その結果ノイズが増

10　ただしデータベース中に存在する検索要求に適合するレコードの総数は把握できないため，再現率を正確に算出することはできません。

えて精度は下がってしまうことになります。検索をする際は，情報検索の目的に基づいて精度と再現率のバランスを考え，最適な結果を導き出すための工夫が必要です。

　以下，図・表10-6を利用して，精度と再現率（の計算法）について具体的に記します。例えば，検索結果（B＋C）が50件で，その中の適合レコード（B）が20件の場合，精度は20／50×100で40％となります。データベース内にこの要求に合致した適合レコード（A＋B）が100件あると仮定し，検索された適合レコード（B）が20件なら，再現率は20／100×100で20％となります。この場合ノイズとモレは，それぞれ60％と80％になります。

　シソーラス[11]を利用できるデータベースの場合，精度や再現率を上げることができます。

　例えば，英語の"bank"には「土手」と「銀行」の意味があります。ですから，「土手」についての英語文献を検索するために，書誌データベースに"bank"と入力すると，「銀行」についての文献まで検索され，精度が下がります。しかし，もしシソーラスに「土手」の優先語（使用すべき語）が"bank"ではなく"embankment"であることが記載されていれば，「土手」に関する文献のレコードにはすべてこの語が索引語として付与されますので，"embankment"で検索することで，精度を上昇させることができます。

図・表10-6　検索結果の評価：精度と再現率

　精度
precision ratio

精度＝B／B＋C×100（％）

　再現率
recall ratio

再現率＝B／A＋B×100（％）

データベースレコード全体

C 検索された不適合レコード（ノイズ）

A 検索されなかった適合レコード（モレ）

B 検索された適合レコード

11　情報検索で用いられるシソーラスには，用語間の関係を管理するため，ある用語の下位語（下位概念の語），上位語（上位概念の語）や関連語（下位でも上位でもないが関連している語）への参照などが記載されています。シソーラスでは，検索に用いられる語が，同義語，類義語関係にあるいくつかの語の中から選ばれ，統一が図られます。このように，用語間の関係が整理され，どの用語を使用すべきかが決められているものを統制語といいます。シソーラスでは使用すべき語を優先語やディスクリプタと呼び，使用されない語を非優先語や非ディスクリプタと呼びます。一方，タイトルや本文中に使用されている語は自然語と呼ばれ，統制語と区別されます。

　一方，「図書」「書籍」「本」は同義語と考えられます。そのため，「書籍」に関する文献を検索するために，書誌データベースに「書籍」と入力しても，「書籍」という語を含まずに，「図書」や「本」という語を含む文献（のレコード）は検索されません。したがって，再現率は低下します。もし，シソーラスにこれら3語の優先語が「図書」であることが記載されていたら，図書に関する文献のレコードには，この3語のどの語が現れようとも「図書」という語が索引語として付与されますので，「図書」で検索することで，再現率を上昇させることができます。

　また，シソーラスの備わったデータベースの場合，通常は上位語で検索するとその下位語も含めた検索を実行するようになっており，その意味でも再現率が上昇します[12]。これはデータベース構築の際に，索引語の上位語を自動付加する仕組み（**上位語自動付加／アップポスティング**）[13]によっています。

5. 情報検索のプロセス

　ここからは，情報検索の具体的なプロセスを見ていきます。情報検索は利用者からのレファレンス質問に回答する際に重要な役割を果たします。ここでは主に企業等の専門図書館におけるレファレンス質問への回答を想定して，情報検索のプロセスを説明しますが，ここに記されていることは，公共図書館や大学図書館などにも応用できます。

　もともと専門図書館などで情報検索を主に担当する図書館員は「**サーチャー**」と呼ばれてきました。近年では情報解析や情報の戦略的調査にいたる幅広い範囲まで業務とするようになったため，「**インフォプロ（Information Professional：INFOPRO）**」という名称が使われるようになりました。このような業務は，特許調査員や企業の知的財産担当者も行いますので，ここでは図書館員のみならず，このような専門家も含めて「インフォプロ」と表記します。

　次ページの図・表10-7では情報検索のプロセスが示されています。この図・表を参照しながら，以下を読み進めてください。

12　例えば上位語を「くだもの」，下位語を「りんご・みかん・バナナ……」としたとき，上位語である「くだもの」で検索すると「りんご・みかん・バナナ……」といった下位語も自動的に含んで検索されるため，より再現率の高い（検索モレが少ない）検索結果を得ることができます。

13　上位語自動付加の英語について，情報検索のための単一言語シソーラスの国際規格であるISO 2788では upward posting（アップワードポスティング）と記載されています。しかしシソーラスに関する日本語文献や日本語データベースのヘルプではカタカナで「アップポスティング」と記載されることが多いため，本文中ではそちらに倣いました。

図・表10-7　情報検索のプロセス

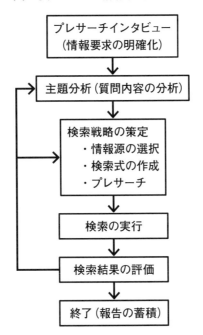

（1）プレサーチインタビュー

　利用者からの**情報要求**にこたえるために，最初に行われるのが**プレサーチインタビュー**です。情報検索成功の鍵はプレサーチインタビューが握っているといえます。これの目的は，利用者の情報要求を明確にすること（利用者が何を求めているのかを理解すること）です。プレサーチインタビューでは，十分な時間をとって利用者と直接向き合い，要求されている事柄を十分に聞きます。このことによって，お互いが情報要求を認識し共有することができ[14]，インフォプロは適切な**検索戦略**[15]を策定することができます。プレサーチインタビューは以下のことに留意して行います。

ａ．検索の目的を理解するために，これまでの経緯を知ること

　現状の課題を聞くことはもちろんですが，利用者がこれまでに行ってきた調査の経緯に

14　実は，利用者は自身の情報要求を明確に理解しているとは限りません。このようなインタビューによって，利用者は情報要求を明確に理解することも多く，図書館員をはじめインフォプロも利用者の情報要求を明確に理解できるようになるのです。

15　利用者の情報要求を汲み取り，どのような方法で検索するかの方策を立てることです。例えば，"（その分野の）基礎的な情報が必要なのか最新の研究成果が必要なのか" "日本語文献だけでいいのか外国語文献も必要なのか" "検索結果は幅広く網羅的に必要なのか絞り込みたいのか" などで使用する情報源や検索語が変わります。具体的には本節3項で説明します。

ついても聞くことが必要です。どういう経緯で情報を必要としているのか，研究者なら前任者がすでに調査を実施していたかもしれません。またすでに参考とする文献を何かしら入手しているかもしれません。

ｂ．検索結果はどのように利用されるのかを知ること

今回の検索結果をどのように利用するかについても確認します。自身の研究レポートを作成するのか，仲間との情報交換の材料なのか，職場の上司に説明するのか，全社会議の席で調査結果を報告するのか，あるいは特許出願するのかなど，それぞれの使い方によって検索結果の形式や分量，表示の仕方が変わってきます。

ｃ．検索対象，網羅性（量）・迅速性（時間）を確認すること

情報要求に基づき適切な情報源（検索対象資料）を提案します。すなわち，情報要求に合致した情報の種類や内容（学術論文なのか，特許資料なのか，あるいは新聞記事なのかなど）を確認し，適切なデータベースやそのほかの資料（含，辞典・事典類などの冊子体資料や自社作成資料など）を提案します。

網羅性の確認とは，１件あるいは数件の参考になるものが見つかればよいのか，それともできるだけ幅広く，多くの文献を集めなければならないのかを明らかにすることです。研究の初期段階では，研究を進める上で参考となる最先端の文献や重要な文献を１件あるいは数件検索すればよい場合が多いですが，特許出願するようなときには，検索モレのない網羅性の高い検索が必要となります。また網羅性について確認する際には，どのようなデータベースを用いても適合する情報を100％網羅することは不可能であるということを，利用者に理解をしてもらわねばなりません。

最後の**迅速性**の確認とは，回答期限を確認することです。期限は，本章４節で説明した精度や再現率とも密接に関連します。例えば検索モレをなくすために，複数のデータベースを使用して網羅性の高い検索を行うには，ある程度時間をかける必要があるからです。インフォプロは利用者の意向に沿うために，与えられた時間内で可能な限りの結果を出すよう努力します。

ここで述べたことのほか，インフォプロは費用（検索実費・データベース管理費・人件費など）にも着目し，妥当な費用内で情報検索を実施することも心がけねばなりません。

（２）主題分析

主題分析とは，質問内容を分析して，情報要求の主題を正しく認識し，これに適切な表現（キーワードや分類記号など）を与える作業のことです。注意すべきは，質問内容文の文字だけをみて単語を抽出するのではなく，情報要求をしっかり理解し，主題を表すキー

ワードとそれらの同義語や類似語など関連する言葉をも確認の上，適切な検索語を選ぶということです。同義語や関連語の確認には，通常シソーラスが利用されます。これには同義語のうち検索語として用いるべき語も示されています。この語を検索語として使うことで，精度および再現率の高い検索が可能となります。

（3）検索戦略の策定（情報源の選択・検索式の作成・プレサーチ）と その後の検索の実行

　主題分析の結果を踏まえて，適切な情報源を選択します。さらにそれに応じた検索語を組み合わせて**検索式**を作成し，これを用いてプレサーチを行います。これは作成した検索式がうまく機能するかどうかを試すためのものです。具体的な手法としては次のものがあります。すなわち，データベースではなく冊子体の辞典・事典類や書誌・索引などを利用する，類似の情報源で無料のデータベースを利用する，検索してみて件数だけを確認する，使用予定のデータベースにサンプル検索機能があればこれを利用するなどです[16]。
　プレサーチの結果を見ながら，検索式を見直します。検索式だけではなく，必要に応じて使用予定のデータベース（情報源）も見直します。この検索戦略の策定のステップは，ある程度の結果が得られる予想がつくまで繰り返し，その後検索の実行へと進みます。なお，検索の結果は通常，次の4項で説明する観点から評価されます。その結果目的を達成していないという評価が下ったら，主題分析からやり直します。

（4）検索結果の評価

　検索結果の評価は，本章4節で説明した精度と再現率で評価する方法のほかに，利用者へのアンケートやインタビューを通して，調査結果への満足度を確認する方法があります。満足度が高いと利用者のインフォプロへの信頼も高まります。

（5）検索の終了：報告の蓄積

　検索終了後，その結果を報告（レポート）にまとめ，利用者に渡します。一方，報告は手元にも保存・蓄積しておき，後日，同様の検索相談がもたらされたときの参考資料として活用します。そのため紙資料の形で報告をファイリングするのみならず，コンピュータ

16　商用データベースには，検索結果を表示する際に使用料金が発生するものがあります。通常表示する内容（概要だけか本文全文かなど）ごとに1件あたりの料金が決められていますので，多数の検索結果を表示すると使用料金も高くなります。このようなデータベースは，料金が発生する前に検索結果件数が表示されますので，その件数を見ながら検索条件の見直しを行い，精度と再現率を調整します。

で検索できる状態で記録しておくことが望ましいです。エクセルなどの表計算ソフトで入力するほか，Accessなどでデータベースを作成する，レファレンス協同データベースを活用するなどの方法が考えられます。

6. 各種情報源の特徴と利用

オンライン，つまりインターネット経由で電子的に得ることができる情報源が，飛躍的に増えています。ここではこのような情報源のうち，代表的なものを，データベース・情報検索システムの類と，ポータルサイト（含，便利なサイト）の類に分けて紹介します。ただし，両者は明確に分かれるものではなく，この分類は便宜的なものです。以下，この点を踏まえた上で読み進めてください。

（1）データベース・情報検索システム

ここでは，インターネットを経由して利用できるデータベースや情報検索システムでよく利用されるものを，検索目的等で分類して紹介します。具体的には，①書籍，②学術文献（学術論文等），③一般雑誌記事，④新聞記事，⑤辞書・事典・人物情報，⑥公的情報，⑦特許情報，⑧その他の八つに分類し，図・表にあげています。個々のデータベースの使い方については，データベース提供機関の出しているガイドブックやマニュアルなどを参照してください。

なお，利用するのに契約が必要なもの（つまり有料のもの）は，以下の図・表では，名称の後に「（要契約）」と記しています。

図・表10-8　①書籍の検索

データベース・検索システム類の名称など	提供機関等	概要
NDL ONLINE	国立国会図書館 (NDL)	国立国会図書館の所蔵資料および国立国会図書館で利用可能なデジタルコンテンツの検索。利用者登録をすることにより，閲覧予約や複写依頼など各種サービスの申込ができる。雑誌記事の検索については図・表10-9と10-10を参照
CiNii Books	国立情報学研究所 (NII)	日本の大学図書館等が所蔵する図書や雑誌類の書誌情報，所蔵情報
Webcat Plus	国立情報学研究所 (NII)	全国の大学図書館や国立国会図書館の所蔵目録，新刊書の書影・目次DB，電子書籍DBなどを統合して提供，連想検索機能が特徴
Books (出版書誌データベース)	日本出版インフラセンター	出版業界唯一の国内発行の書籍情報(紙媒体および電子書籍の情報)
各図書館のOPAC	各図書館	各図書館所蔵の蔵書検索
カーリル	カーリル	全国のウェブOPACの横断検索機能，Amazon等の書誌とのリンク機能
BookPlus (要契約)	日外アソシエーツ	1926年以降出版された書籍情報，要旨，目次，あらすじなど nichigai/webサービスが提供するデータベースの一つ

図・表10-9　②学術文献 (学術論文等) の検索

データベース・検索システム類の名称など	提供機関等	概要
J-STAGE	科学技術振興機構 (JST)	国内外学術雑誌の学術文献全分野，国内作成の電子ジャーナルプラットフォーム
CiNii Research	国立情報学研究所 (NII)	文献情報，博士論文，図書雑誌等だけではなく，外部連携機関，機関リポジトリ等の研究データ，KAKEN[17]の研究プロジェクト情報なども含めた統合的な横断検索サイト
CiNii Dissertations	国立情報学研究所 (NII)	国内の大学，独立行政法人大学評価・学位授与機構が授与した博士論文，NDL所蔵分を含む

NDL ONLINE 雑誌記事索引	国立国会図書館 (NDL)	国立国会図書館が作成した雑誌記事索引，「電子書籍・電子雑誌」の記事の検索。NDL ONLINEで検索できるが，雑誌記事のみを検索したいときは詳細検索から雑誌記事のメニューを選択する
J-GLOBAL	科学技術振興機構 (JST)	科学技術および特許，調査報告，研究者情報など
Google Scholar	Google	ウェブにある学術文献
PubMed	米国国立衛生研究所 (NIH)	MEDLINE[18]に収録されている生物医学分野の学術文献
JDream Ⅲ (要契約)	ジー・サーチ	科学技術文献全般，国内外の学術論文の書誌事項および抄録，国内学会論文多数
Dialog (要契約)	ProQuest	医学・薬学等の科学技術分野を中心に，学術文献・ニュース・特許情報など広範囲にわたる海外データベースを収録する
CAS STNext (要契約)	ケミカル・アブストラクツ・サービス (CAS)	科学技術文献や特許情報，化学物質索引データベースが主対象
医中誌 Web (要契約)	医学中央雑誌刊行会	国内発行の医学関連雑誌の書誌・索引
iyakuSearch (要契約)	日本医薬情報センター (JAPIC)	医薬品の有効性や安全性に関する文献情報
Web of Science (要契約)	Clarivate	科学および人文・社会科学全般の文献と引用索引[19]など
Scopus (要契約)	Elsevier	科学・医学・社会科学・人文科学分野をカバーしている，世界最大級の抄録・引用文献データベース

17　科学研究費助成事業データベース。文部科学省および日本学術振興会が実施する科学研究費助成事業により行われた研究課題や研究者の情報が検索できます。
18　米国国立医学図書館（NLM）が作成・提供する，医学を中心とする生命科学の大規模な文献データベースです。
19　これは当該文献がどのような文献に引用されているかがわかるものです。

図・表10-10　③一般雑誌[20]記事の検索

データベース・検索システム類の名称など	提供機関等	概要
ざっさくプラス（雑誌記事索引集成データベース）（要契約）	皓星社	総合雑誌から地方誌まで,明治以降の雑誌記事の書誌情報，NDL雑誌記事索引を含み，CiNiiと連携
MagazinePlus（要契約）	日外アソシエーツ	一般誌から専門誌，大学紀要，海外誌紙まで収録した日本最大規模の雑誌記事（書誌）データベース，NDL雑誌記事索引を含み，それに含まれない学会年報・論文集や一般誌，地方誌なども追加nichigai/webサービスが提供するデータベースの一つ
Web OYA-bunko（要契約）	大宅壮一文庫	明治時代から最新の一般大衆雑誌の記事索引

図・表10-11　④新聞記事の検索

データベース・検索システム類の名称など	提供機関等	概要
朝日新聞クロスサーチ（要契約）	朝日新聞社	朝日新聞の新聞記事　1985-縮刷版（1879-1999）の紙面データベース
ヨミダス歴史館（要契約）	読売新聞社	読売新聞の新聞記事　1986-1874-1989（明治・大正・昭和）の紙面データベース
毎索（要契約）	毎日新聞社	毎日新聞の新聞記事　1872-1872-1999の過去紙面データベース
日経テレコン（要契約）	日本経済新聞社	日経新聞社が刊行している新聞の新聞記事　1975-企業情報

---

20 ここでは一般雑誌とは学術成果の掲載を目的とせず，書店等で市販されている雑誌を想定しています。しかし学術雑誌や専門雑誌とは厳密に区別することが困難なため，学術文献のデータベースに重複して収録されている場合もあります。

図・表10-12　⑤辞書・事典・人物情報の検索

データベース・検索システム類の名称など	提供機関等	概要
コトバンク	DIGITALIO・C-POT	朝日新聞，朝日新聞出版，講談社，小学館などの辞書，例えば「百科事典マイペディア」（日立システムアンドサービス）「知恵蔵」（朝日新聞社）「デジタル版日本人名大辞典＋Plus」（講談社）など
Goo 辞書	NTT Resonant	国語辞典，類語辞典，英和辞典，和英辞典，中日事典，日中辞典など
JapanKnowledge（要契約）	ネットアドバンス	日本大百科全書，国史大辞典等の歴史の事典類，JK Who'S Who等の人名・文化の事典類，現代用語の基礎知識やランダムハウス等辞書類など広く対象
Researchmap	科学技術振興機構（JST）	国内の大学や研究機関等の研究者および研究コミュニティ情報
WhoPlus（要契約）	日外アソシエーツ	人物レファレンス事典（日本・外国），近代日本の先駆者，海を越えた日本人名事典，追悼記事索引，美術作品レファレンス事典，写真レファレンス事典など nichigai/webサービスが提供するデータベースの一つ
人物・人事情報（日経テレコン）（要契約）	日本経済新聞社	日経新聞の人事データベース（日経WHO'S WHOを中心とする），全国の企業経営者や役員から，議員や公官庁職員など，各界で活躍する著名人など
現代人名録（ヨミダス歴史館）（要契約）	読売新聞社	各界の有識者を中心に経済人，政治家，研究者，文化人，スポーツ選手らの経歴や連絡先など
人物データベース（朝日新聞クロスサーチ）（要契約）	朝日新聞社	経済人，政治家，研究者，文化人，スポーツ選手など，学者や研究者は一線で活躍中の方，外国人で日本在住の著名人などの一部

図・表10-13　⑥公的情報の検索

データベース・検索システム類の名称など	提供機関等	概要
国会議会録検索システム	国立国会図書館（NDL）	国会の本会議や委員会などの国会議会録情報
首相官邸ホームページ 国の政策 （政策情報ポータル）	首相官邸	各官庁へのリンクによる省庁からの情報全般
e-Gov ポータル	デジタル庁	総合行政サイト 行政手続情報・法令情報（総務省行政管理局が官報に基づきデータ整備している憲法・法律・政令・勅令・府令・省令・規則）
日本法令索引	国立国会図書館（NDL）	原則明治19年2月公文式施行以降の省令以上の法令，制定・改廃経過等の情報
e-Stat： 政府統計の総合窓口	総務省統計局 独立行政法人 統計センター	各省庁作成の統計資料全般
裁判例情報・司法統計	裁判所	最高裁判所はじめ全裁判所の判例情報，知的財産裁判の判例も含む 裁判所の司法統計情報，（年報・月報等）
インターネット版「官報」	国立印刷局	最新30日分の官報（本紙・号外・政府調）
官報検索！： 国の機関紙「官報」を全文検索できる無料官報検索サービス	https://kanpoo.jp/ （個人サイト）	国の機関紙『官報』の全文検索サイト，ただしインターネット官報の公開範囲（最新30日分）
官報（NDLデジタルコレクション）	国立国会図書館（NDL）	1883.7.2 ～ 1952.4.30までの期間について閲覧できる
官報情報検索サービス （要契約）	国立印刷局	会員制サービスの官報（本紙，号外，政府調達公告版，資料版，目録）
条約データ検索	外務省	条約データ（含，国会提出条約・法律案）
条例 Webアーカイブデータベース	条例Web作成プロジェクト	全国の自治体の例規集を対象に横断検索
Web 例規集 （洋々亭の法務ページ）	http://www.hi-ho.ne.jp/tomita/ （個人サイト）	地方自治の法務サイト，自治体条例，（情報源は，ぎょうせい，第一法規，クレステック，東京法令出版，フューチャーインなど）

図・表10−14 ⑦特許情報の検索

データベース・検索システム類の名称など	提供機関等	概要
J-PlatPat：特許情報プラットフォーム	工業所有権情報・研修館（INPIT）	明治以降発行された特許・実用新案・意匠・商標の公報等とその関連情報
WIPO PATENTSCOPE	世界知的所有権機関（WIPO）	WIPO提供の特許情報，公開された1978年以降の国際出願(PCT出願)と40ヵ国以上の特許情報 簡易検索，詳細検索，構造化検索，多言語検索の検索画面がある
Espacenet	欧州特許庁	PCT出願と日米欧を含むほぼ全世界の70ヵ国以上の特許情報 収録時期は国により異なる(要約について，WO：1978年以降，US：1970年以降，EP：1978年以降他) 検索は書誌と抄録を対象とする
各国特許庁サイト	各国の特許庁	各国の特許情報

図・表10−15 ⑧その他の情報の検索

データベース・検索システム類の名称など	提供機関等	概要
WARP：インターネット資料収集保存事業	国立国会図書館（NDL）	日本国内の過去のウェブサイトやページを収集・保存
Wayback Machine	Internet Archive	世界中のウェブサイトやページを収集・保存 日本のページも収集禁止でない限り収集される
レファレンス協同データベース	国立国会図書館（NDL）	公共図書館，大学図書館，専門図書館等におけるレファレンス事例，調べ方マニュアル等を蓄積

（2）主要なポータルサイト・便利なサイト

　ここでは，ポータルサイトを次の意味で使用しています。すなわち，同種の情報源や，同じ機関からの各種の情報源などを提供したり，それらをまとめて一括検索や横断検索したりできるようなシステムを有しているサイトのことをいいます。

　以下，図・表10−16に有用な情報を得ることができる主要なポータルサイトや便利なサイトをまとめます。

図・表10−16　主要なポータルサイト・便利なサイト

ポータルサイト名，便利なサイト名など	提供機関等	概要
ジャパンサーチ	国立国会図書館 (NDL)	書籍，文化財，メディア芸術など，さまざまな分野のデジタルアーカイブと連携，わが国が保有する多様なコンテンツのメタデータをまとめて検索・閲覧・活用できるサイト
国立国会図書館サーチ (NDLサーチ)	国立国会図書館 (NDL)	NDLをはじめ，これに協力する公共図書館，公文書館，美術館や学術研究機関等の資料の統合検索
リサーチ・ナビ	国立国会図書館 (NDL)	図書館資料，ウェブサイト，各種データベース，関係機関情報を，特定のテーマ，資料群別に紹介
データベース (JST)	科学技術振興機構 (JST)	科学技術分野の情報の総合サイト
サービス・事業 (NII)	国立情報学研究所 (NII)	第8章2節3項cで紹介したNIIの提供する五つのデータベース(図・表8−1参照)などを利用できるサイト
電子資料館	国文学研究資料館	国文学関係の古典籍，研究書，雑誌，紀要等の各種データベースを対象とする横断検索サイト
nihuBridge	人間文化研究機構	人間文化研究機構傘下の機関などが提供する100以上のデータベースの横断検索システム，国立国会図書館サーチとも連携 国文学研究資料館の電子資料館の一覧からも利用可
文化遺産オンライン	文化庁	日本の文化遺産の電子情報を提供する総合サイト 全国の博物館・美術館等から提供された美術作品や文化財(含，国宝・重要文化財)の情報を検索できる
国立公文書館デジタルアーカイブ	国立公文書館	国立公文書館の所蔵する特定歴史公文書等のサイト
アジア歴史資料センター	国立公文書館	アジア歴史資料(近現代の日本とアジア近隣諸国との関係にかかわる日本の歴史的な文書)のデジタルアーカイブのサイト
青空文庫	青空文庫運営担当者(ボランティアサイト) https://www.aozora.gr.jp/	著作権の消滅した作品と著者が許諾した作品の電子情報のサイト
IRDB：学術機関リポジトリデータベース	国立情報学研究所 (NII)	日本の学術機関リポジトリに蓄積された大学や研究機関の教育・研究成果などを横断検索できるサイト
OPEN DOAR	Nottingham大学	全世界を対象にした機関リポジトリの総合サイト
ROAR	Southampton大学	全世界を対象にした機関リポジトリの総合サイト

[索引]

★：索引語の出現箇所が脚注内であることを示す。

170

編著者プロフィール

［編　集］
田窪 直規（たくぼ・なおき）
....

　　大阪府に生まれる
　　図書館情報大学大学院博士課程修了
　　奈良国立博物館仏教美術資料センター研究官を経て
現　在　近畿大学司書課程担当
　　博士（図書館情報学）
　　著書，論文など多数
....

［執筆者］
岡 紀子（おか・のりこ）
....

1975年　京都薬科大学薬学部卒業
1975年　住友化学株式会社入社
　　　　分析物性研究，図書運営管理，
　　　　文献および特許調査，データベース検索等を担当
2003年　住友化学の関連会社に出向
　　　　住友化学の文献・特許調査，図書情報部門および
　　　　情報資源の導入・管理業務を担当
2012年　同社を定年退職
現　在　大学非常勤講師，特許調査受託業務
....
・一般社団法人情報科学技術協会　理事
・一般社団法人情報科学技術協会主催
　「サーチャー講座21（検索技術者検定2級対策セミナー）」講師
・日本知的財産協会主催
　「化学分野における実践的特許調査」講師
・近畿大学通信教育部，京都華頂大学　非常勤講師

田中 邦英（たなか・くにふさ）
....

1974年　大阪電気通信大学工学部
　　　　電子機械工学科卒業
1974年　京都の計量機メーカーに入社，
　　　　特許管理，文献・特許調査，
　　　　特許データベース構築等を担当
2011年　同社を定年退職
....
・一般社団法人情報科学技術協会　前理事
・一般社団法人情報科学技術協会主催
　「サーチャー講座21（検索技術者検定2級対策セミナー）」
　「データ加工とデータベース構築セミナー」講師
・桃山学院大学，大阪樟蔭女子大学，近畿大学等，
　司書課程非常勤講師

田村 俊明（たむら・としあき）
....

1986年　同志社大学法学部法律学科卒業
1991年　大阪工業大学工学部経営工学科卒業
2010年　大阪工業大学大学院知的財産研究科修了
　　　　大阪市立大学附属図書館，
　　　　同学術情報総合センター勤務を経て
現　在　株式会社紀伊國屋書店勤務・大学非常勤講師を兼任
....
・近畿大学，甲南女子大学，武庫川女子大学
　司書課程非常勤講師
・司書

德田 恵里（とくだ・えり）
....

2000年　大阪芸術大学芸術学部文芸学科卒業
　　　　大阪府立中央図書館（嘱託），
　　　　財団法人大阪国際児童文学館等を経て
現　在　株式会社紀伊國屋書店勤務・大学非常勤講師を兼任
....
・一般社団法人情報科学技術協会主催
　「サーチャー講座21（検索技術者検定2級対策セミナー）」講師
・近畿大学　司書課程非常勤講師
・司書。検索技術者検定1級

3訂 **図書館と情報技術** 検索技術者検定3級 対応

2013年3月27日　初版第1刷発行
2014年1月30日　初版第2刷
2017年4月14日　改訂第1刷発行
2020年3月16日　改訂第4刷
2023年3月31日　3訂第1刷発行

検印廃止

編　者Ⓒ	田窪	直規
	岡	紀子
	田中	邦英
	田村	俊明
	徳田	恵里
発 行 者	大塚	栄一

発 行 所　株式会社　**樹村房**
〒112-0002
東京都文京区小石川5丁目11番7号
電 話　東京03-3868-7321
FAX　東京03-6801-5202
https://www.jusonbo.co.jp/
振替口座　00190-3-93169

組版・デザイン／BERTH Office
印刷・製本／亜細亜印刷株式会社

ISBN978-4-88367-374-2